JN057514

【外国人材検定】

日本知識力検定

公式テキスト

下

一般社団法人 留学生支援ネットワーク　久保田学　著

一般財団法人 全日本情報学習振興協会

日本知識力検定　試験概要

　日本知識力検定とは、日本語学校の留学生や大学生・日本で就労を希望する方々を対象とした日本の知識や習慣を問う検定試験です。試験級は NC1（1級）からNC5（5級）まであります。

級	制限時間	検定料	問題数	合格基準	試験内容
NC1（1級）	120分	6,600円（税込）	生活知識40問 就職知識50問 合計90問	それぞれ80%以上	生活知識全般と、ビジネスマンとして重要なB4カテゴリまでの就職知識や就労のマナー等を身につけることで、職場でリーダーシップを取り、同僚や部下を指導して業務を遂行することができる。
NC2（2級）	120分	6,600円（税込）	生活知識40問 就職知識50問 合計90問	それぞれ70%以上	生活知識全般とビジネスマンとして重要なB4カテゴリまでの就職知識と就労マナーを身につけ、職場で他の同僚の見本となり、同僚を補いながら業務を遂行することができる。
NC3（3級）	90分	5,500円（税込）	生活知識30問 就職知識30問 合計60問	それぞれ60%以上	生活知識全般と、B3カテゴリまでの就職知識や就労マナーを身につけ、他の人に頼らず、協力して就業し、自ら適切に業務を遂行することができる。
NC4（4級）	80分	4,400円（税込）	生活知識30問 就職知識20問 合計50問	それぞれ60%以上	生活知識でS3カテゴリ、就職知識でB2カテゴリ程度の就職知識、就労マナーを身につけ、就業する際に他の人に迷惑をかけず、自らの力で与えられた業務を遂行することができる。
NC5（5級）	60分	4,180円（税込）	生活知識25問 就職知識15問 合計40問	それぞれ60%以上	生活知識でS3カテゴリ、就職知識・就労マナーB2カテゴリ程度の知識を持ち、就業する際に他の人に迷惑をかけず、指導を受けながら業務を遂行することができる。

		出題項目	カテゴリ	NC1	NC2	NC3	NC4	NC5
生活知識（S）	日本での生活	1. 日本の基本情報	S1	●	●	●	●	●
		2. 食生活・食文化・衣服		●	●	●	●	●
		3. 日本に住む		●	●	●	●	●
		4. 日本で生活する		●	●	●	●	●
	地理・観光と文化	1. 地理・観光	S2	●	●	●	●	●
		2. 交通機関		●	●	●	●	●
		3. 日本の歴史と文化		●	●	●	●	●
	教育・医療・結婚・出産	1. 日本の教育制度	S3	●	●	●	●	●
		2. 日本の医療機関・制度		●	●	●	●	●
		3. 結婚と出産		●	●	●	●	●
		4. 子育てと支援システム		●	●	●		
	刑罰と防犯・防災	1. 警察署・犯罪と刑罰	S4	●	●	●		
		2. 防災		●	●	●		
		3. 交通ルール		●	●	●		
就職知識（B）	日本で働くための法知識	1. 在留資格・在留カード	B1	●	●	●	●	●
		2. 日本に居住する際に必要な行政手続き		●	●	●	●	●
		3. 日本で就労するためのルール		●	●	●	●	●
		4. 日本の法律		●	●	●	●	●
	日本で働くための税と制度	1. 税金	B2	●	●	●		
		2. 年金		●	●	●		
		3. 労働保険		●	●	●		
		4. 介護保険		●	●	●		
	就職活動と働くために必要な知識	1. 日本の雇用文化	B3	●	●	●		
		2. 就職活動		●	●	●		
		3. 労務・会社の知識		●	●	●		
	就職活動と働くために必要なビジネスマナー	1. 敬語法・慣用句など	B4	●	●			
		2. ビジネス文書		●	●			
		3. 電話のマナー		●	●			
		4. 応接のマナー		●	●			
		5. 訪問のマナー		●	●			
		6. 時事問題		●	●			

※試験内容は予告なく変更する場合があります。

CONTENTS
下巻 もくじ

Chapter 6　日本で働くための税と制度

❶ 税金

❷ 年金

❸ 労働保険

❹ 介護保険

Chapter 7　就職活動と働くために必要な知識

❶ 日本の雇用文化

2 就職活動

3 労務・会社の知識

Chapter 8　日本で働くために必要なビジネスマナー

1 ビジネスマナー

日本で働くための法知識

1 在留資格

（1）在留資格のしくみ

外国人が日本に住んで働くためには、日本政府から与えられる在留資格が必要になります。在留資格の内容により、日本で可能となる活動や滞在できる期間が決まります。在留資格は現在29種類あり、それぞれに滞在する活用の内容と在留期間が定められています。

例えば、観光で日本に来る外国人に与えられる在留資格は「短期滞在」です。短期滞在の在留資格は、滞在目的に合わせて90日、30日、15日以内となります。また、短期滞在は日本で働くことは認められません。

①在留資格とビザ

在留資格とビザが同じ意味でつかわれることが多いですが、厳密には異なるものです。

ビザは査証と呼ばれ、外国人が日本に入国する際に海外の日本大使館や領事館が事前の審査を行い、日本への入国に問題ないと日本の入国審査官に紹介する文書として発給するものです。現在、日本は、68の国・地域に対してビザ免除措置を実施しています。一方で在留資格は、日本への入国の際に外国人の入国の目的、在留の目的に応じて、入国審査官から与えられる資格で現在29種類あります。外国人は、この資格の範囲内で活動することができます。

②在留資格の種類

在留資格は、働くことができる在留資格と働くことができない在留資格に分けられます。

働くことができる在留資格	【職種、業種を問わず就労可能な在留資格】 永住者、日本人の配偶者など、永住者の配偶者など、定住者
	【一定の業種、職種、勤務内容のみ働くことができる在留資格】 外交、公用、教授、芸術、宗教、報道、高度専門職、経営・管理、 法律・会計業務、医療、研究、教育、技術・人文知識・国際業務、 企業内転勤、興行、技能、技能実習、介護、特定技能
	【内容によって働くことができる在留資格】 特定活動
働くことができない在留資格	文化活動、短期滞在、留学、研修、家族滞在 ※留学と家族滞在については、資格外活動の許可を受けることで1 週28時間以内の範囲で働くことができる

【一定の業種、職種、勤務内容のみ働くことができる在留資格】

在留資格	該当例	在留期間
外交	外国政府の大使、公使、総領事などとその家族	「外交活動」の期間
公用	外国政府の職員などとその家族	5年、3年、1年、3か月、30日または15日
教授	大学の教授、講師など	5年、3年、1年または3か月
芸術	画家、作曲家、著述家など	5年、3年、1年または3か月
宗教	外国の宗教団体から派遣される宣教師など	5年、3年、1年または3か月
報道	外国の報道機関の記者、カメラマンなど	5年、3年、1年または3か月
高度専門職	ポイント制による高度外国人材	1号は5年 2号は無期限

在留資格	該当例	在留期間
経営・管理	外資系企業・日系企業問わず企業の経営者、管理者	5年、3年、1年、6か月、4か月または3か月
法律・会計業務	弁護士、公認会計士など	5年、3年、1年または3か月
医療	医師、歯科医師、薬剤師、看護師	5年、3年、1年または3か月
研究	政府関係機関や企業などの研究者	5年、3年、1年または3か月
教育	小学校・中学校・高校の語学教師など	5年、3年、1年または3か月
技術・人文知識・国際業務	機械工学などの技術者、企業の語学教師、デザイナー、通訳など	5年、3年、1年または3か月
企業内転勤	外国の事業者からの転勤者	5年、3年、1年または3か月
興行	歌手、ダンサー、俳優、プロスポーツ選手など	3年、1年、6か月、3か月または15日
技能	外国料理の料理人、貴金属加工職人、パイロットなど	5年、3年、1年または3か月
技能実習	技能実習生	個々の指定期間（1年内、2年内）合計で最長5年
介護	介護福祉士	5年、3年、1年または3か月
特定技能	外食、宿泊、介護など12分野	1号：法務大臣が個々に指定する期間（1年を超えない範囲）2号：3年、1年または6か月

【職種、業種を問わず就労可能な在留資格】

在留資格	該当例	在留期間
永住者	法務大臣から永住の許可を受けた者 （入管特例法の「特別永住者」を除く。）	無期限
日本人の配偶者など	日本人の配偶者・実子・特別養子	5年、3年、1年または6か月
永住者の配偶者など	永住者・特別永住者の配偶者及び我が国で出生し引き続き在留している実子	5年、3年、1年または6か月
定住者	第三国定住難民、日系3世、中国在留邦人など	5年、3年、1年、6か月または法務大臣が個々に指定する期間（5年を超えない範囲）

【内容によって働くことができる在留資格】

在留資格	該当例	在留期間
特定活動	（法務大臣が個々の外国人について特に指定する活動） 外交官などの家事使用人、ワーキング・ホリデー、経済連携協定に基づく外国人看護師・介護福祉士候補者など	5年、3年、2年、1年、6か月、3か月または法務大臣が個々に指定する期間（5年を超えない範囲）

【働くことができない在留資格】

在留資格	該当例	在留期間
文化活動	日本文化の研究者など	3年、1年、6か月、3か月

在留資格 (ざいりゅうしかく)	該当例 (がいとうれい)	在留期間 (ざいりゅうきかん)
短期滞在 (たんきたいざい)	観光、短期商用、親族・知人訪問など (かんこう)(たんきしょうよう)(しんぞく)(ちじんほうもん)	90日、30日、15日または15日以内 (にち)(にち)(にち)(にちいない)
留学 (りゅうがく)	大学・短期大学・高等専門学校、高等学校、中学校及び小学校などの学生 (だいがく)(たんきだいがく)(こうとうせんもんがっこう)(こうとうがっこう)(ちゅうがっこうおよ)(しょうがっこう)(がくせい)	法務大臣が個々に指定する期間（4年3か月を超えない範囲） (ほうむだいじん)(ここ)(してい)(きかん)(ねん)(げつ)(こ)(はんい)
研修 (けんしゅう)	研修生 (けんしゅうせい)	1年、6か月または3か月 (ねん)(げつ)(げつ)
家族滞在 (かぞくたいざい)	就労外国人などが扶養する配偶者・子 (しゅうろうがいこくじん)(ふよう)(はいぐうしゃ)(こ)	法務大臣が個々に指定する期間（5年を超えない範囲） (ほうむだいじん)(ここ)(してい)(きかん)(ねん)(こ)(はんい)

（2）技術・人文知識・国際業務
（ぎじゅつ）（じんぶんちしき）（こくさいぎょうむ）

　　就労が認められる在留資格において、多くを占めるのが、「技術・人文知識・国際業務」です。2018年に就職を目的として在留資格の変更が許可された留学生のうち「技術・人文知識・国際業務」が全体の約9割を占めています。

【活動内容】

　　人文科学の分野（文科系の分野であり、社会科学の分野も含まれる）、理学、工学、その他の自然科学の分野（理系の分野）に属する技術もしくは知識を必要とする業務に従事する活動または外国の文化に基盤を有する思考もしくは感受性を必要とする業務に従事する活動

例）経理、財務、総務、人事、法務、企画、商品開発、デザイン、マーケティング、広報、宣伝、通訳、翻訳、語学指導、生産技術、研究開発、エンジニア、プログラマー、建築設計、システム管理など

【条件・基準】

①従事する業務に必要な技術、知識に係る科目を専攻して国内外の大学もしくは日本の専門学校を卒業していること。

6

②10年以上の実務経験があること（大学などでこの分野の専門技術・知識を学んでいた期間を含む）。

③通訳、翻訳、語学の指導、広報、宣伝または海外取引業務、服飾や装飾のデザイン、商品開発、その他これらに類似する業務で３年以上の実務経験があること。
（大学を卒業した人が翻訳・通訳・語学指導をする場合は実務経験不問）

④日本人と同等以上の報酬を得ること。

（3）高度専門職

　高度外国人材の受入れを促進するため、2012年にできた制度です。高度外国人材の活動内容を、「高度学術研究活動」、「高度専門・技術活動」、「高度経営・管理活動」の３つに分類し、それぞれの特性に応じて、「学歴」、「職歴」、「年収」などの項目ごとにポイントを設け、ポイントの合計が一定点数に達した場合に、出入国管理上の優遇措置（例えば永住権が３年で取得できるなど）を与える制度です。

詳細

【活動内容】
高度学術研究活動「高度専門職１号（イ）」：
日本の企業や大学、研究機関などで研究、研究の指導または教育をする活動
高度専門・技術活動「高度専門職１号（ロ）」：
日本の企業や大学や研究機関などで自然科学または人文科学の分野に属する知識または技術を要する業務に従事する活動
高度経営・管理活動「高度専門職１号（ハ）」：
日本の企業において事業の経営を行いまたは管理に従事する活動

【高度専門職の優遇措置】
「高度専門職１号」の場合
①複合的な在留活動が認められる
②在留期間「５年」の付与
③在留歴に係る永住許可要件の緩和
④配偶者の就労
⑤一定の条件のもとでの親の帯同
⑥一定の条件のもとでの家事使用人の帯同

《ポイント計算表》

項目	内容	高度学術研究分野	高度専門・技術分野	高度経営・管理分野
学歴	博士号（専門職に係る学位を除く。）取得者	30		
	修士号（専門職に係る博士を含む。）取得者	20	修士号（専門職に係る博士を含む。）取得者(注7) 20	博士号又は修士号取得者(注7) 20
	大学を卒業し又はこれと同等以上の教育を受けた者（博士号又は修士号取得者を除く。）	10		
	複数の分野において，博士号，修士号又は専門職学位を複数有している者	5		
職歴（実務経験）(注1)		7年～ 15 5年～ 15 3年～ 5	10年～ 20 7年～ 15 5年～ 10 3年～ 5	10年～ 25 7年～ 20 5年～ 15 3年～ 10
年収 (注2)	年齢区分に応じ，ポイントが付与される年収の下限を異なるものとする。詳細は②参照	40～10	40～10	3,000万～ 50 2,500万～ 40 2,000万～ 30 1,500万～ 20 1,000万～ 10
年齢		～29歳 15 ～34歳 10 ～39歳 5	～29歳 15 ～34歳 10 ～39歳 5	
ボーナス①〔研究実績〕	詳細は③参照	25～20	15	
ボーナス②〔地位〕				代表取締役，代表執行役 10 取締役，執行役 5
ボーナス③	職務に関連する日本の国家資格の保有（1つ5点）		10	
ボーナス④	イノベーションを促進するための支援措置（法務大臣が告示で定めるもの）を受けている機関における就労(注3)	10		
ボーナス⑤	試験研究費等比率が3%超の中小企業における就労	5		
ボーナス⑥	職務に関連する外国の資格等	5		
ボーナス⑦	本邦の高等教育機関において学位を取得	10		
ボーナス⑧	日本語能力試験N1取得者(注4)又は外国の大学において日本語を専攻して卒業した者	15		
ボーナス⑨	日本語能力試験N2取得者(注5)（ボーナス⑦又は⑧のポイントを獲得したものを除く。）	10		
ボーナス⑩	成長分野における先端的事業に従事する者（法務大臣が認める事業に限る。）	10		
ボーナス⑪	法務大臣が告示で定める大学を卒業した者	10		
ボーナス⑫	法務大臣が告示で定める研修を修了した者（注6）	5		
ボーナス⑬	経営する事業に1億円以上の投資を行っている者			5
ボーナス⑭	投資運用業等に係る業務に従事			10
ボーナス⑮	産業の国際競争力の強化及び国際的な経済活動の拠点の形成を図るため、地方公共団体における高度人材外国人の受入れを促進するための支援措置（法務大臣が認めるもの）を受けている機関における就労	10		
合格点 70				

①最低年収基準

高度専門・技術分野及び高度経営・管理分野においては、年収300万円以上であることが必要

②年収配点表

	～29歳	～34歳	～39歳	40歳～
1,000万	40	40	40	40
900万	35	35	35	35
800万	30	30	30	30
700万	25	25	25	—
600万	20	20	20	—
500万	15	15	—	—
400万	10	—	—	—

③研究実績

研究実績※	高度学術研究分野	高度専門・技術分野
特許の発明　1件～	20	15
入国前に公的機関からグラントを受けた研究に従事した実績 3件～	20	15
研究論文の実績については、我が国の機関において利用されている学術論文データベースに登録されている学術雑誌に掲載されている論文（申請人が責任著者であるものに限る。）3本～	20	15
上記の項目以外で、上記項目におけるものと同等の研究実績があると申請人がアピールする場合（著名な賞の受賞歴等）、関係行政機関の長の意見を聴いた上で法務大臣が個別にポイントの付与の適否を判断	20	15

※高度学術研究分野については、2つ以上に該当する場合には25点

(注1)従事しようとする業務に係る実務経験に限る。
(注2)※1　主たる受入機関から受ける報酬の年額
※2　海外の機関からの転勤の場合には、当該機関から受ける報酬の年額を算入
※3　賞与（ボーナス）も年収に含まれる。
(注3)就労する機関が中小企業である場合には、別途10点の加点
(注4)同等以上の能力を試験（例えば、BJTビジネス日本語能力テストにおける480点以上の得点）により認められている者も含む。
(注5)同等以上の能力を試験（例えば、BJTビジネス日本語能力テストにおける400点以上の得点）により認められている者も含む。
(注6)本邦の高等教育機関における研修については、ボーナス⑦のポイントを獲得した者を除く。
(注7)経営管理に関する専門職学位（MBA, MOT）を有している場合には、別途5点の加点

⑦入国・在留手続の優先処理

「高度専門職2号」の場合

※「高度専門職2号」は「高度専門職1号」で3年以上活動を行っていた人が対象になります。

①「高度専門職1号」の活動とあわせてほぼすべての就労資格の活動を行うことができる。

②在留期間が無期限となる。

③高度専門職1号の3から6までの優遇措置が受けられる。

【条件・基準】

下記ポイント計算表で70点以上であれば高度専門職の在留資格が与えられる。

（4）経営・管理

　　外国人が日本で会社を経営したり、事業を管理したりする仕事をする場合に与えられる在留資格です。起業する場合もそうですが、すでに日本国内にある企業の経営や管理を行う場合も当てはまります。「管理」業務は必ずしも役員職・管理職を意味するわけではなく、事業の運営に関する重要事項の決定、事業の執行や監査の業務に従事する活動を行っていることが条件となります。

【活動内容】

日本で事業の経営を開始し経営を行う場合

日本ですでに実施している事業に参加し経営を行う場合

上記の各ケースで事業の管理の仕事をする場合

例）社長、取締役などの役員、工場長、支店長、部長など

【条件・基準】

①事業を営むための事業所が日本にある（事業が開始されていない場合、事業所として使用する予定の施設が日本に確保されている）。

②2人以上の常勤の職員が従事している（経営者、管理者以外で日本に居住）。

③資本金額または出資の総額が500万円以上もしくは同程度。

④申請人が事業の管理に従事しようとする場合は、事業の経営または管理について3年以上の経験（大学院において経営または管理に係る科目を専攻した期間を含む）を有し、日本人と同等以上の報酬を得ること。

⑤事業が適正に行われ、安定性、継続性が認められること。

（5）介護

　高齢化社会が進む日本では、介護業界の人手不足が深刻な問題になっています。社会的背景や需要に応えるため、2017年6月から、新たに作られた在留資格が、「介護」です。「介護」の在留資格の要件として、国家資格で「介護福祉士」に合格することが必要となります。「介護福祉士」を取得する方法はいろいろありますが、基本的には、「留学」の在留資格で「介護福祉士」の資格取得のために介護福祉士養成施設に入り、2年以上勉強し卒業を目指します。

【活動内容】
介護、または介護の指導の範囲内
【条件・基準】
①介護福祉士（国家資格）の資格を取得していること。
②日本企業（介護を行っている会社）との雇用契約があること。
③職務内容が介護またはその指導であること。
④日本人と同等以上の報酬を得ること。

2　外国人技能実習制度と特定技能

（1）外国人技能実習制度

2024年6月、「技能実習」に代わる外国人材の受け入れ制度「育成就労」を創設する改正入管法などが、国会で審議され成立しました。入管法などの改正により、「技能実習」の在留資格は廃止され、「育成就労産業分野」（特定産業分野のうち就労を通じて技能を修得させることが相当なもの）に属する技能を要する業務に従事すること等を内容とする「育成就労」の在留資格が創設され、2027年までに開始されます。「（1）外国人技能実習制度」は、近い将来に廃止される制度の内容ですので、注意してください。

　外国人技能実習制度とは、発展途上国の人が現地では修得することが困難な知識や技能を日本で学んで、帰国後母国の経済発展に役立ててもらうことを目的とした

制度です。外国人技能実習制度は、各国との協力覚書により、現在アジアを中心にインド、インドネシア、ウズベキスタン、カンボジア、スリランカ、タイ、中国、ネパール、バングラデシュ、フィリピン、ベトナム、ペルー、ミャンマー、モンゴル、ラオスの15か国が受入の対象となっています。また、受入が可能な職種も86職種158作業（令和4年10月現在）に限定されています。つまり、受入れる国と可能な職種が限定された在留資格となります。期間は最長で5年間とされ、技術の修得は技能実習計画に基づいて行われます。

【活動内容】

農業関係、漁業関係、建設関係、食品製造関係、繊維・衣服関係、機械・金属関係、その他（家具製作、印刷、塗装、自動車整備、ビルクリーニング、介護、宿泊など）

※それぞれの業界で具体的な職種や作業が決まっています。

在留資格は入国からの滞在期間により3つの在留資格に分かれます。

入国1年目：技能実習第1号

入国2〜3年目：技能実習第2号

入国4〜5年目：技能実習第3号

※第1号技能実習から第2号技能実習へ、第2号技能実習から第3号技能実習へそれぞれ移行するためには、技能実習生本人が技能評価試験（2号への移行の場合は学科と実技、3号への移行の場合は実技）に合格していることが必要です。

【条件・基準】

①修得しようとする技能などが単純作業でないこと。

②18歳以上で、帰国後に日本で修得した技能などを生かせる業務に就く予定があること。

③母国で修得することが困難である技能などを修得するものであること。

④本国の国、地方公共団体などからの推薦を受けていること。

⑤日本で受ける技能実習と同種の業務に従事した経験などを有すること。

⑥技能実習生（その家族などを含む。）が、送出機関（技能実習生の送出業務などを行う機関）、監理団体、実習実施機関などから、保証金などを徴収されないこと。また、労働契約の不履行に係る違約金を定める契約などが締結されていないこと。

（2）特定技能

深刻な人手不足の状況に対応するため、一定の専門性・技能を有し、即戦力となる外国人を受け入れる制度が2019年4月からスタートしました。特定産業分野（※）に属する相当程度の知識または経験を必要とする技能を要する業務に従事する外国人向けの在留資格です。

※特定産業分野とは介護、ビルクリーニング、素形材・産業機械・電気・電子情報関連産業、建設、造船・舶用工業、自動車整備、航空、宿泊、農業、漁業、飲食料品製造業、外食業の12分野です。

※在留資格「特定技能」には、特定技能1号と特定技能2号の2種類があります。特定技能2号は、上記の特定産業分野のうち、介護分野以外の業務に従事することができます。

特定技能1号のポイント

在留期間	1年、6か月又は4か月ごとの更新、通算で上限5年まで
技能水準	試験等で確認（技能実習2号を修了した外国人は試験等免除）
日本語能力水準	生活や業務に必要な日本語能力を試験等で確認（技能実習2号を修了した外国人は試験免除）
家族の帯同	基本的に認めない
支援	受入れ機関又は登録支援機関による支援の対象

特定技能2号のポイント

在留期間	3年、1年又は6か月ごとの更新
技能水準	試験等で確認
日本語能力水準	試験等での確認は不要
家族の帯同	要件を満たせば可能（配偶者、子）
支援	受入れ機関又は登録支援機関による支援の対象外

【主な職種】

特定産業分野ごとに従事する業務が決められています。

宿泊：宿泊施設におけるフロント、企画・広報、接客及びレストランサービスな

どの宿泊サービスの提供に係る業務。あわせて、これらの業務に従事する日本人が通常従事することとなる関連業務（例：館内販売、館内備品の点検など）に付随的に従事することは可能

　外食業：外食業全般（飲食物調理、接客、店舗管理）

　その他の特定産業分野は右記を参照してください。

【条件・要件】
①18歳以上。
②技能試験（宿泊：宿泊業技能測定試験、外食：外食業技能測定試験）及び
　日本語試験（日本語能力試験（N4以上）または、国際交流基金日本語基礎テスト（A2レベル以上）に合格している）。
③保証金を徴収されていないことまたは違約金を定める契約を締結していないこと。
④自らが負担する費用がある場合、内容を十分に理解していることなど。

【就労が認められる在留資格の技能水準】

専門的・技術的分野	特定技能以外の在留資格	特定技能の在留資格
	「高度専門職（1号・2号）」 「教授」 「技術・人文知識・国際業務」 「介護」 「技能」等	「特定技能2号」 ⇧ ⇧ ⇧ 「特定技能1号」
非専門的・非技術的分野	「技能実習」 ※「育成就労」に変更予定	

3 特定活動

外国人が日本で活動する内容が年々多様化しているため、そのすべての活動に在留資格を設定することが難しくなっています。前項の在留資格の種類で説明した【内容によって働くことができる在留資格】として法務大臣が個々の外国人に対して指定している特定の活動が「特定活動」という在留資格です。在留期間は、5年、3年、1年、6か月、3か月または、法務大臣が個々に指定する期間（5年を超えない範囲）となります。ここでは代表的な特定活動の種類について説明します。

（1）インターンシップ

外国の大学の外国人学生が、その大学の教育課程の一部としてインターンシップによって日本に来る場合に、在留資格が認められる。在留期間は、1年以内かつ就学期間の1/2以内となる。

【条件・要件】

①外国の大学生であること（※通信教育は不可）。

②日本の滞在期間が1年を超えない期間、かつ通算して大学の修業年限の2分の1を超えない期間。

③インターンシップが外国の大学の教育課程の一部として行われること（単位取得）。

④日本の企業と海外の教育機関において契約締結をすること。

（2）ワーキングホリデー

日本文化及び日本国における一般的な生活様式を理解するため、日本において一定期間の休暇を過ごす活動並びに当該活動を行うために必要な旅行資金を補うため必要な範囲内の報酬を受ける活動の場合に認められ、期間は1年を超えない範囲。

【条件・要件】

①査証発給時の年齢が18才から30才であること。

②協定国に居住する国民（オーストラリア、ニュージーランド、カナダ、韓国、フランス、ドイツ、イギリス、アイルランド、デンマーク、台湾、香港、ノルウェーなど29の国と地域）。

③一定期間、主として日本で休暇を過ごす目的であること。

④有効なパスポート及び帰国のための旅行切符、または、そのための十分な資金が

あることなど。

（3）継続就職活動

　日本の大学院・大学・短大・専門学校の卒業生は、卒業までに就職が決まらな
かった場合、「留学」の在留資格のまま就職活動をすることはできません。卒業・
終了後も引き続き就職活動を行う場合には、在留資格を「留学」から「特定活動」
に変更することで就職活動を1年間（原則6か月、1回更新が可能）継続して行う
ことができます。また、資格外活動を取得すると週28時間までであればアルバイト
をすることも可能です。

【対象者】

・大学・短期大学・大学院の卒業者（別科生、聴講生、科目等履修生、研究生は含
　まない）

・専門学校を卒業し、専門士の称号を取得した者

・海外の大学または大学院を卒業または修了し、一定の要件を満たす日本の
　日本語教育機関を卒業した者

【条件・要件】

①大学・専門学校を卒業する前から就職活動を行っていること。

②大学・専門学校・日本語教育機関から推薦があること。

③日本に就職活動をしている間の生活費を確保していること。

④適正な職種への就職活動をしていることなど。

【手続き】

　地方出入国在留管理局に下記の書類を準備して手続きをします。在籍していた
大学などからの推薦状は審査・発行までに時間がかかることがあるので、早めに
準備をしましょう。

①在留資格変更許可申請書

②パスポート及び在留カード

③在留中の一切の経費を支払える経済的能力を証する文書

④直前まで在籍していた大学などの卒業証明書（専門学校生の場合、加えて

成績証明書、専門士の称号を有することの証明書及び専門課程における修得内容の詳細を明らかにする資料）

⑤直前まで在籍していた大学・専門学校・日本語教育機関などからの推薦状

⑥継続就職活動を行っていることを明らかにする書類（就職活動記録、選考結果通知書類など）

⑦日本語教育機関卒業者は、海外大学・大学院卒業を証明する文書、日本語教育機関の卒業証明書、日本語教育機関が発行する出席状況の証明書が必要です。

※内定を得たが、次年度4月からの採用の場合は、一旦帰国をするか、「就職活動のための特定活動」から「内定待機のための特定活動」に変更する必要があります。

【補足】

2016年より、卒業後2年目の就職活動について下記の内容を満たすことで、さらに1年間継続して行うことが可能になりました。

・地方公共団体が実施する就職支援事業（出入国在留管理庁が設定する要件に適合するもの）の対象となり、地方公共団体から当該事業の対象者であることの証明書の発行を受け、大学などを卒業後2年目に当該事業に参加してインターンシップへの参加を含む就職活動を行うことを希望し、在留状況に問題がないなどの場合

（4）本邦大学卒業者

　これまでの制度では、飲食店、小売店などでのサービス業務や製造業務などが主たるものである場合には、就労目的の在留資格が認められていませんでした。しかし、企業においてインバウンド需要の高まりや、日本語能力が不足する外国人従業員や技能実習生への橋渡し役としての期待もあり、大学・大学院において広い知識を修得し、高い語学力を持つ外国人留学生は、幅広い業務において採用ニーズが高まってきました。

　そこで、日本の大学を卒業した留学生については、大学・大学院において修得した知識、応用的能力などを活用することが見込まれ、日本語能力を生かした業務に従事する場合には、その業務内容を広く認めることとし、在留資格「特定活動」により、働くことが可能となりました。

【主な職種例】

①飲食店に採用され、店舗において外国人客に対する通訳を兼ねた接客業務を行うもの。（それにあわせて、日本人に対する接客を行うことを含む）

※厨房での皿洗いや清掃にのみ従事することは認められません。

②小売店において、仕入れや商品企画などとあわせ、通訳を兼ねた外国人客に対する接客販売業務を行うもの。（それにあわせて、日本人に対する接客販売業務を行うことを含む）※商品の陳列や店舗の清掃にのみ従事することは認められません。

③ホテルや旅館において、翻訳業務を兼ねた外国語によるホームページの開設、更新作業を行うものや、外国人客への翻訳（案内）、他の外国人従業員への指導を兼ねたベルスタッフやドアマンとして接客を行うもの。（それにあわせて、日本人に対する接客を行うことを含む）※客室の清掃にのみ従事することは認められません。

【条件・要件】

①日本の4年制大学の卒業者及び大学院の修了者に限られます。短期大学及び専修学校の卒業並びに外国の大学の卒業及び大学院の修了は対象になりません。

②日本語能力試験N1またはBJTビジネス日本語能力テストで480点以上を有する者が対象です。

※日本または海外の大学または大学院において「日本語」を専攻して大学を卒業した者については、日本語能力の要件を満たすものとして取り扱います。

③日本人が従事する場合に受ける報酬と同等額以上であることが必要です。

【詳しい情報】

留学生の就職支援に係る「特定活動」（本邦大学卒業者）についてのガイドライン

詳細

【補足】

2023年より、短期大学、高等専門学校を卒業し、独立行政法人大学改革支援・学位授与機構が行う審査に合格して学士の学位を授与された者、専門学校の「認定専修学校専門課程」を修了し「高度専門士」の称号を付与された者も対象となりました。

4 在留資格に関する手続き

（1）在留資格の取得

　海外から日本へ就労のため在留する際には「在留資格認定証明書」の取得が必要となります。「在留資格認定証明書」を受け取るには、外国人本人の代理として企業の代表／社員または行政書士などが「在留資格認定証明書交付申請書」を管轄の出入国在留管理局に提出する必要があります。

（2）在留資格の変更

①技術・人文知識・国際業務

　技術・人文知識・国際業務の申請は企業の規模により提出する資料が変わります。自社の該当区分の確認を行い、必要な書類を準備することが必要です。

カテゴリー1	カテゴリー2	カテゴリー3	カテゴリー4
1）日本の証券取引所に上場している企業 2）保険業を営む相互会社 3）日本または外国の国・地方公共団体 4）独立行政法人 5）特殊法人・認可法人 6）日本の国・地方公共団体の公益法人 7）法人税法別表第1に掲げる公共法人 8）高度専門職省令第1条第1項各号の表の特別加算の項の中欄イ又はロの対象企業（イノベーション創出企業） 9）一定の条件を満たす企業等	1）前年分の給与所得の源泉徴収票等の法定調書合計表中、給与所得の源泉徴収票合計表の源泉徴収税額が1,000万円以上ある団体・個人 2）在留申請オンラインシステムの利用申出の承認を受けている機関（カテゴリー1及び4の機関を除く）	前年分の職員の給与所得の源泉徴収票等の法定調書合計表が提出された団体・個人（カテゴリー2を除く）	カテゴリー1〜3のいずれにも該当しない団体・個人

	カテゴリー1	カテゴリー2	カテゴリー3	カテゴリー4
1）在留資格変更許可申請書	○	○	○	○

	カテゴリー1	カテゴリー2	カテゴリー3	カテゴリー4
2）パスポート及び在留カード（外国人登録証明書）	○	○	○	○
3）所属機関がいずれのカテゴリーに該当するかを証明する文書	別記①	別記②	別記③	―
4）専門士又は高度専門士の称号を付与されたことを証明する文書（専門学校卒の場合のみ）	○	○	○	○
5）派遣契約に基づいて就労する場合（申請人が被派遣者の場合）は、派遣先での活動内容を明らかにする資料（労働条件通知書（雇用契約書）等の写し）	△	△	△	△
6）申請人の活動の内容等を明らかにする資料（労働者に交付される労働条件を明示する文書等）	原則不要	原則不要	○	○
7）申請人の学歴及び職歴その他経歴等を証明する文書（大学等の卒業証明書、関連する業務に従事し期間を証する文書）	原則不要	原則不要	○	○
8）登記事項証明書	原則不要	原則不要	○	○
9）事業内容を明らかにする文書　会社概要及び事業概要（パンフレット可）	原則不要	原則不要	○	○

	カテゴリー1	カテゴリー2	カテゴリー3	カテゴリー4
10）直近年度の決算文書写し	原則不要	原則不要	○	○
11）前年分の職員の給与所得の源泉徴収票等の法定調書合計表を提出できない理由	原則不要	原則不要	原則不要	○

3）所属機関がいずれのカテゴリーに該当するかを証明する文書

①○四季報の写しまたは日本の証券取引所に上場していることを証明する文書（写し）

　○主務官庁から設立の許可を受けたことを証明する文書（写し）

　○高度専門職省令第1条第1項各号の表の特別加算の項の中欄イまたはロの対象企業（イノベーション創出企業）であることを証明する文書（例えば、補助金交付決定通知書の写し）

　○「一定の条件を満たす企業等」であることを証明する文書（例えば、認定証等の写し）

②○前年分の職員の給与所得の源泉徴収票等の法定調書合計表（受付印のあるものの写し）

　○在留申請オンラインシステムに係る利用申出の承認を受けていることを証明する文書（利用申出に係る承認のお知らせメール等）

③○前年分の職員の給与所得の源泉徴収票等の法定調書合計表（受付印のあるものの写し）

※上記の書類の中で、提出可能な書類を提出します。提出可能な書類がない場合は、カテゴリー4に該当することとなります。

②特定活動（告示第46号）

必要書類
1）在留資格変更許可申請書
2）パスポート及び在留カード（外国人登録証明書）
3）労働者に交付される労働条件を明示する文書（雇用契約書、労働条件確認書等）

必要書類
4）雇用理由書 ※3）の内容から日本語を用いた業務等、本制度に該当する業務に従事することが明らかな場合は提出不要）
5）申請人の学歴を証明する文書 卒業証書（写し）または卒業証明書（学位の確認が可能なものに限る）
6）申請人の日本語能力を証明する文書 日本語能力試験 N1又は BJT ビジネス日本語能力テスト480点以上の成績証明書（写し） ※外国の大学において日本語を専攻した者については、当該大学の卒業証書（写し）または卒業証明書
7）事業内容を明らかにする下記のいずれかの文書 ①勤務先の沿革、役員、組織、事業内容（主要取引先と取引実績を含む。）などが記載された案内書 ②その他の勤務先等の作成した上記①に準ずる文書 ③勤務先のホームページの写し（事業概要が確認できるトップページのみで可） ④登記事項証明書
8）課税証明書及び納税証明書（証明書が取得できない期間については、源泉徴収票、当該期間の給与明細の写しまたは賃金台帳の写し等）

※別途、扶養家族の家族滞在を希望する場合は、扶養者との身分関係を証明する文書、扶養者の在留カードまたは旅券の写しもしくは住民票、扶養者の職業及び収入を証明する文書などが必要になります。

③特定技能

　特定技能の在留資格変更申請は、事業者側の書類が多いので受け入れ先の企業とよく相談の上、在留資格変更手続きを行うようにしましょう。

【受け入れ企業側が準備する主な書類（「留学生」から「特定技能」にかわる場合など）】

【所属機関（法人）に関する必要書類】

1. 特定技能所属機関概要書

2. 登記事項証明書

3. 業務執行に関与する役員の住民票の写し

4. 特定技能所属機関の役員に関する誓約書

5. 労働保険料等納付証明書（初めての受入れの場合）

（受け入れ中の場合、別途必要書類あり）

6. 社会保険料納入状況回答票又は健康保険・厚生年金保険料領収証書の写し

7. 税務署発行の納税証明書（その3）

8. 法人住民税の市町村発行の納税証明書

9. 公的義務履行に関する説明書

※業種ごとに提出書類は異ります。

【外国人材が準備する主な書類（「留学生」から「特定技能」にかわる場合など）】

【申請人に関する必要書類】

1. 特定技能外国人の在留諸申請に係る提出書類一覧表

2. 在留資格変更許可申請書

3. 特定技能外国人の報酬に関する説明書

4. 特定技能雇用契約書の写し

5. （1）雇用条件書の写し　（2）賃金の支払

6. 雇用の経緯に係る説明書

7. 徴収費用の説明書

8. 健康診断個人票　受診者の申告書

9. （1）申請人の個人住民税の課税証明書　（2）申請人の住民税の納税証明書

（3）申請人の給与所得の源泉徴収票の写し

10. 申請人の国民健康保険被保険者証の写し　申請人の国民健康保険料（税）納付証明書

11. 申請人の国民年金保険料領収証書の写し　または　申請人の被保険者記録照会（納付Ⅱ）

12. 前回申請時に履行すべきであった公的義務に係る書類
13. 公的義務履行に関する誓約書
14. １号特定技能外国人支援計画書
15. 登録支援機関との支援委託契約に関する説明書
16. 二国間取決において定められた遵守すべき手続に係る書類

　特定技能への在留資格変更許可申請を行うにあたって、下記４点の納税・納付状況について、確認できる資料の提出が必要となります。

①国税
②地方税
③国民健康保険（税）
④国民年金の保険料

※申請時に、納税・納付を行っていないことが判明した場合には、地方出入国在留管理局において、納税・納付に係る指導・助言を行うこととなり、審査に時間を要することとなるため、申請を行う前にあらかじめ、納税・納付義務の履行を行うようにしましょう。

※特に、アルバイト先が複数ある者は、確定申告を行う必要があるほか、申請の際には、税務署発行の納税証明書の提出が必要となります。なお、提出する課税証明書の内容に対応する年度の源泉徴収票を紛失している者については、事前にアルバイト先から源泉徴収票を再発行してもらう必要があります。

※１号特定技能外国人の扶養を受ける家族として、「家族滞在」で在留することはできませんが、留学生が１号特定技能外国人となった場合には、留学生の扶養を受ける家族として日本に在留している「家族滞在」の者は、「特定活動」の在留資格で引き続き在留することは可能です。

（3）在留資格の更新

　在留資格の更新手続きは、住んでいる場所を管轄する出入国在留管理局に申請を行う必要があります。在留期間の残り３か月前から申請が可能となります。許可が下りるまで日数がかかるため、余裕をもって申請する必要があります。手続きについては、４つのパターンに分けられます。

①転職せずに同じ企業で同じ職種で働いている場合

　申請通りに給料が支払われていて、犯罪を犯していたり、税金を納めていないなどということがなければ更新許可ハガキが来ます。

主な必要書類
１）在留資格更新許可申請書
２）パスポート及び在留カード（外国人登録証明書）
３）カテゴリーのいずれかに該当することを証明する文書 　❶四季報の写しまたは日本の証券取引所に上場していることを証明する文書（写し） 　❷前年分の給与所得の源泉徴収票等の法定調書合計表（受付印のあるものの写し）
４）派遣契約に基づいて就労する場合は、労働条件通知書（雇用契約書）
５）住民税の課税（または非課税）証明書及び納税証明書（１年間の総所得及び納税状況が記載されたもの）　各１通
６）３）②を提出できない理由を明らかにする資料（カテゴリー４のみ）

②在留期間中に転職をしたが、「就労資格証明書」取得済みの場合

　①と同じ手続きです。

【就労資格証明書】

　就労資格証明書とは、日本で働こうとする外国人が、働くことのできる在留資格（または法的地位）を有していること、または特定の職種に就くことができることを証明する文書です。主に転職する場合に取得するのが望ましいですが、義務では

ありません。転職先で担当する業務内容が、現在の在留資格で認められた活動に該当するかを確認する必要があります。在留資格に該当しない業務活動を行うと不法就労となり、在留資格を取消され退去強制命令を受ける危険があるので、取得することが望ましいです。また、取得している場合次回の在留資格更新時の手続きがスムーズになります。

③在留期間中に転職したが、「就労資格証明書」を未取得の場合
　①の手続きに必要な書類に加えて、就労資格証明書で必要な書類となる次の6）～10）の書類を提出する必要があります。

CHAPTER 5 ｜ 日本で働くための法知識

主な必要書類
1）在留資格更新許可申請書
2）パスポート及び在留カード（外国人登録証明書）
3）カテゴリーのいずれかに該当することを証明する文書 ❶四季報の写しまたは日本の証券取引所に上場していることを証明する文書（写し） ❷前年分の給与所得の源泉徴収票等の法定調書合計表（受付印のあるものの写し）
4）派遣契約に基づいて就労する場合は、労働条件通知書（雇用契約書）
5）住民税の課税（または非課税）証明書及び納税証明書（1年間の総所得及び納税状況が記載されたもの）各1通）（カテゴリー3、4のみ）
6）転職前の会社が発行した源泉徴収票
7）転職前の会社が発行した退職証明書
8）転職後の会社の概要が分かる資料（商業登記簿謄本、会社概要及び事業概要のパンフレット、直近の決算書の写し）
9）申請人の活動の内容等を明らかにする資料（労働者に交付される労働条件を明示する文書等）
10）本人の転職理由書

※提出書類は場合により異ります。

④前回申請時と職種が違う場合

　　同じ職場で職務内容が変わった場合は、変更後の職務に係る業務の内容を説明する勤務先の文書を用意した方がよいです。転職してなおかつ職種が変わる場合は③の手続きとなります。

（4）永住権

　　日本に住む外国人が在留期間や活動の制限なく日本で暮らすことができる在留資格のことをいいます。「永住権の取得」とは、現在有している在留資格を「永住者」へと変更することいいます。

【条件・基準】

　　永住者とは、原則10年以上継続して日本に在留していて、以下の３つの要件を満たす外国人が対象となります。

①素行が善良であること

　　日本の法律を守って、地域の住民として社会的に非難されることのない生活を営んでいることをいいますが、日本の法令に違反して懲役・禁錮・罰金・拘留・科料に科されたことがないことが要件になります。また、軽微な交通違反なども何度も繰り返していると要件を満たさなくなります。

②独立の生計を営むに足りる資産又は技能を有すること

　　公共の負担にならず、資産や技能から見て将来的にも安定的な生活が見込まれることをいいますが、年収が過去３年間連続して300万円以上あることが目安になります。これは永住許可申請をする本人ではなく、世帯全体で考慮されます。したがって、配偶者に相当な収入があれば大丈夫です。

③その者の永住が日本国の利益に合致すると認められること

　　a. 原則として、引き続き10年以上日本に在留していること。ただし、この期間のうち、就労資格または居住資格をもって引き続き５年以上在留していること。資格外活動は就労資格に含まれないので、技術・人文知識・国際業務、技能、経営・管理など就労が可能な在留期間で５年以上働いていたことが条件になり

ます。

b. 罰金刑や懲役刑などを受けていないこと。納税義務などの公的義務を履行して

いること。

税金の未納があってはいけません。年金や国民健康保険料の支払いについても
審査される場合があります。

c. 申請時に有している在留資格について、最長の在留期間であること。

多くの在留資格は最長在留期間が5年となっていますが、当面、申請時に「3
年」の在留期間を有していれば「最長の在留期間」とみなされます。

d. 公衆衛生上の観点から有害となるおそれがないこと。

「公衆衛生上の観点」とは具体的には、麻薬や大麻、覚醒剤などの中毒者でな
いことや、エボラ出血熱、ペストなどの感染症に罹患していないことです。

④身元保証人の確保

必ず「身元保証人」を確保しなければなりません。身元保証人になれる人は
日本人か、外国人の場合は「永住者」の人で、安定的な収入があり、納税をきちん
としている人でなければなりません。

（5）資格外活動

留学や家族滞在の在留資格の外国人がアルバイトをするには、管轄の出入国在留
管理局に申請をして資格外活動の許可を受ける必要があります。許可を受けずにア
ルバイトをすると、罰則を科せられ、退去強制の対象となります。また、風俗営業
などの店舗で働くことは認められません。

①資格外活動の制限

アルバイトが許可される時間数は、1週間に28時間まで（学校の夏期休業や
冬期休業などの長期休業期間中は、1日に8時間までです）

②手続きに必要な書類

・パスポート

・在留カード

・資格外活動許可申請書

（6）再入国許可

　日本から出国する際に、再入国の制度を利用すると認められた期限内であれば、現在の在留資格・在留期間のまま日本に再び入国することができます。

①みなし再入国許可（1年以内に日本に戻る場合）

　在留カードを持っている外国人で、なおかつ日本を出国してから1年以内（在留期限が1年未満の場合は在留期限まで）に再入国する人です。

　出国審査の前に、再入国出国記録（再入国EDカード）を空港（海港）などで受け取ります（出入国在留管理局でも交付されています）。この「再入国出国記録」に、一時的な出国であり、再入国する予定である旨のチェック欄にチェックを入れ、パスポート（中長期在留の人はパスポートと在留カード）と一緒に入国審査官に提示します。

　みなし再入国許可により出国した人は、その有効期間を海外で延長することはできません。出国後1年以内（または在留期限まで）に再入国しないと在留資格が失われることになりますので、注意しましょう。

②再入国許可（1年以上日本を離れる場合）

　再入国許可には、1回限り有効のものと有効期間内であれば何回も使用できる数次有効のものの2種類があり、その有効期間は、現に有する在留期間の範囲内で、最長で5年を超えない期限となっています。ただし、この有効期限は、所持している在留期間の範囲内です。

　「再入国許可」の手続きは、住んでいる住所の管轄の出入国在留管理局で再入国許可申請書、在留カード、パスポートを提出して行います。

（7）中長期在留者の届出

　中長期在留者である外国人は、学校や会社の名称や所在地が変わったとき、退職や退学したとき、転職したときなど、所属する機関に変更があった場合は、管轄の出入国在留管理局に変更のあった日から14日以内に届け出ることが必要です。

①活動機関に関する届け出

a.対象となる在留資格

　教授、高度専門職1号ハ、高度専門職2号（2号ハに掲げる活動に従事する

場合）、経営・管理、法律・会計業務、医療、教育、企業内転勤、技能実習、留学、研修

b. 対象となる届出内容

・活動機関の名称が変更となったとき
・活動機関の所在地が変更となったとき
・活動機関が倒産や合併などにより「消滅」したとき
・活動機関から離脱（退職）したとき
・新たな活動機関へ移籍（転職）したとき

②契約機関に関する届け出

a. 対象となる在留資格

高度専門職1号イ、高度専門職1号ロ、高度専門職2号（2号イまたはロに掲げる活動に従事する場合）、研究、技術・人文知識・国際業務、介護、興行、技能、特定技能

b. 対象となる届出内容

・雇用契約をしている機関の名称が変更となったとき
・雇用契約をしている機関の所在地が変更となったとき
・雇用契約をしている機関が倒産や合併などにより消滅したとき
・雇用契約をしている機関から離脱（退職）したとき
・新たな契約機関に移籍（転職）したとき

③罰則

届け出をしなかった場合は、20万円以下の罰金となりますので、変更が生じた日から14日以内に必ず届出をするようにしましょう。

5 在留カード

　在留カードとは、日本で暮らす外国人で3か月以上の在留期間がある在留資格を持っている場合に発行されるカードです。日本で行うことができる活動（在留資格）や日本に滞在できる期間（在留期間）が記載されたカードです。在留カードを持って暮らしている外国人は、常にこの在留カードを携帯する義務があり、警察官などに提示を求められたときは在留カードを提示する必要があります。もし、携帯義務を怠ってしまうと20万円以下の罰金に処されるので必ず携帯するようにしましょう。

　他にも、外国人の本人確認書類として、銀行口座の開設や携帯電話の契約の際に認められます。

（1）在留カードの発行

①新規の上陸許可を受けて新千歳空港、成田空港、羽田空港、中部空港、関西空港、広島空港、福岡空港から入国した場合

　パスポートに上陸許可の証印をするとともに、上陸許可によって新たに中長期在留者となる人には、在留カードを交付します。

②新規の上陸許可を受けて①以外の空港や海港から入国した場合

　住んでいる市区町村役場で住民登録を行うと、後日、郵便（簡易書留）で在留カードが送付されます。

③在留期間の更新許可を受けたとき

　在留期間が満了する前に、管轄の出入国在留管理局（支局・出張所を含む）に在留期間の更新の申請をして、許可されたときに新しい在留カードが交付されます。

④在留資格の変更許可を受けたとき

　日本での在留目的を変えたい場合に、出入国在留管理局に在留資格の変更の申請をして、許可されたときに新しい在留カードが交付されます。

⑤在留資格の取得許可を受けたとき

　日本で生まれた子どもが日本国籍を持たない場合に、出生後60日を超えて引き続き日本に滞在したいときは、出生した日から30日以内に出入国在留管理局に在留資格取得の申請をして、許可されたときに新しい在留カードが交付されます。

（２）居住地の届け出（転入届）

　　在留カードの交付を受けた人は、住むところ（住居地）を決めた日から14日以内に、住んでいる市区町村で住居地の届出（転入届）をする必要があります。

【手続きに必要なもの】

転入者全員の在留カード（空港で在留カードを交付された人）、または転入者全員のパスポート

（３）在留カードの記載内容

　　在留カードには、「証明写真」「氏名」「生年月日」「性別」「国籍」「住所」「在留資格」「就労の有無」「在留期間」「在留カード番号」が記載されています。

（４）在留カードの変更

　　在留カードの内容に変更がある場合には、届出義務があります。必要な届出を、届出期間内（多くが14日以内）に行わないと、１年以下の懲役または20万円の罰金となる場合がありますので必ず手続きをするようにしましょう。

①住居地を定めた場合または住居地を変更した場合（住居地の市区町村窓口に届出）

②氏名、生年月日、性別、国籍・地域の変更（管轄する地方出入国在留管理局に届出）

③在留カードの有効期間更新（管轄する出入国在留管理局に届出）

④所属機関・配偶者に関する届出（管轄する出入国在留管理局に届出）

【②～④の変更に必要な書類】

・パスポート

・顔写真1枚（縦4センチ×横3センチ、3か月以内に撮影したもの）

・在留カード記載事項変更届出書

 詳細

（5）在留カードの紛失

　　在留カードを紛失したことがわかった日から14日以内に、管轄の出入国在留管理局で在留カードの再交付申請をする必要があります。（ただし、海外にいる間に紛失した場合は日本へ再入国した日から14日以内に行う）

　　また、在留カードの再発行には警察署などで発行された「遺失届出証明書」や「盗難届出証明書」が必要になりますので、出入国在留管理局へ行く前に必ず警察に届出をしてから行くようにしましょう。

【再発行時に必要な書類】

・パスポート

・顔写真1枚（縦4センチ×横3センチ、6か月以内に撮影したもの）

・在留カードをなくしたことを証明する資料
　　（遺失届出証明書、盗難届出証明書など）

・在留カード再交付申請書

 詳細

（6）在留カードの返納（帰国する場合）

　　在留カードを所持する外国人は、中長期在留者でなくなったとき、在留カードの有効期間が満了したとき、再入国許可を受けて出国し、再入国許可の有効期間内に再入国しなかったときなど、所持する在留カードが失効したときは、失効した日から14日以内に、法務大臣に在留カードを返納しなければなりません。

【返却の方法】

①出国するときに空港または海港で入国審査官に返却する。

②近くの地方出入国在留管理局に持参する。

③郵便により以下の宛先に送付する。

送付先：〒135-0064　東京都江東区青海２－７－11東京港湾合同庁舎９階
　　　　　東京出入国在留管理局おだいば分室
　　　　（封筒の表に「在留カード返納」と表記する）

詳細

（7）マイナンバーカードと在留カードとの一体化

　日本政府は2025年度にも中長期で日本にいる外国人の在留カードとマイナンバーカードを一体にした新たなカードを発行する予定です。実現すれば、複数のカードを持たなくても双方の機能を使えるなど、在留外国人の利便性向上につながるほか、役所の事務負担も軽減されます。

2 日本に居住する際に必要な行政手続き

1 住民票の作成

外国人のうち在留カードを持っている人（3か月以上滞在する人）は市区町村に住所の届出が必要となります。

（1）新規の上陸許可を受けて日本に入国した場合

・住所を定めた日から14日以内に市区町村に転入の届出が必要です。

・申請の際は在留カード（後日交付の人はパスポート）を持参してください。

・家族と一緒に暮らす場合は、婚姻証明書や出生証明書などの家族関係を証明する公的な文書も必要です。

【転入届をした後の流れ】

①転入届をすれば在留カードに登録する住所も同時に登録が完了します。

②住民票が作成されます。

・氏名、生年月日、性別、住所などが記載されます。

・居住状況などを証明するために、住民票の写しの交付申請が可能となります。（有料）

③市区町村が、あなたに個人番号通知書を送り、マイナンバーをお知らせします。

※マイナンバー：日本での社会保障・税・災害対策その他の行政分野における手続のときに、あなたをすぐに特定するための12桁の番号（次項参照）

④マイナンバーカードの申請をしていない人は、マイナンバーのお知らせと一緒に届く交付申請書を使って申請しましょう。

（2）引越しをする場合

①別の市区町村へ引越す場合

・引越し前 →住んでいた市区町村に転出の届出

34

・引越し後 →引越してから14日以内に新しく住むことになった市区町村に転入の届出

②同じ市区町村内で引越す場合

・引越してから14日以内に住んでいる市区町村に転居の届出

③海外へ引越す場合

・引越す前に住んでいる市区町村に転出の届出

2 マイナンバー制度

　日本では、2012年からマイナンバー制度が導入されました。マイナンバー（個人番号）は、日本国内に住民登録のあるすべての人に付番される12桁の番号です。中長期在留者や特別永住者などの外国人も対象となります。

　社会保障、税、災害対策などの行政手続でマイナンバーが必要になります。

①年金・子育ての手当、医療サービスを受けるとき
②海外にお金を送るとき、また、海外からお金を受け取るとき
③銀行で口座をつくるとき
④確定申告や年末調整などの税金の手続き

（1）マイナンバーカード

　本人の申請により交付され、マイナンバーを証明する書類や本人確認の際の公的な本人確認書類として利用でき、さまざまな行政サービスを受けることができるようになるICカードです。申請の方法は、個人番号通知書に記載されており、交付手数料は、当面の間無料です（本人の責任による再発行の場合を除く）。

　表面には、氏名・住所・生年月日・性別・顔写真・電子証明書の有効期限の記載欄・セキュリティコード・サインパネル領域（券面の情報に修正が生じた場合、その新しい情報を記載（引越した際の新住所など））・臓器提供意思表示欄が記載され、マイナンバーは裏面に記載されています。

　マイナンバーカードは、カードに搭載されるICチップや電子証明書を活用することにより、証明書のコンビニ交付などにも使用できるほか、e-Taxをはじめ、各種電子申請を行うことができます。

また、マイナンバーカードは、金融機関などの本人確認の必要な窓口で本人確認書類として利用できますが、マイナンバーをコピー・保管できる事業者は、行政機関や雇用主など、法令に規定された者に限定されているため、規定されていない事業者の窓口において、マイナンバーが記載されているカードの裏面をコピー・保管することはできません。

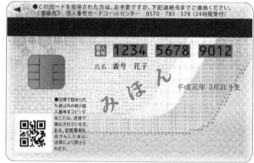

（2）マイナンバーカードの申請方法

日本での住所が決まり、転入の届出をするとマイナンバーが付番され、後日マイナンバーカードの交付申請書が自宅に届きます。マイナンバーカードの交付は、以下の方法で申請できます。

①スマートフォンで申請

　スマートフォンで顔写真を撮影し、交付申請書の QR コードからマイナンバーカード総合サイトへアクセスしてマイナンバーカードの交付を申請することができます。

②パソコンで申請

　デジタルカメラで顔写真を撮影し、申請用 WEB サイトへアクセスして申請することができます。

③郵便で申請

　交付申請書に顔写真を貼り、必要事項を記入し送付することで、申請することができます。

④住んでいる市区町村の窓口で申請（一部除く）

　交付申請書に必要事項を記入し、住んでいる市区町村に提出することで申請することができます。

（3）注意点

・マイナンバーは、法律で定められた目的以外にむやみに他人に提供することはできません。

・他人のマイナンバーを不正に入手したり、他人のマイナンバーを取り扱っている人がマイナンバーを含む個人情報を他人に不当に提供したりすると処罰の対象になります。

・氏名、住所などに変更があった場合は、住んでいる市区町村への届出が必要です。

・マイナンバーカードの有効期限は、在留期限と同じです。

・在留期限の更新後、マイナンバーカードの有効期限内に、住んでいる市区町村でマイナンバーカードの更新をしてください。

※在留期限が更新されても、マイナンバーカードの有効期限は自動変更されません。

3 日本で就労するための ルール

1 労働契約

（1）労働法

　多くの人は、生活上の必要のために他人に雇われて働くこととなります。一方で、労働者と使用者の力関係は、雇われて働く労働者よりも、事業のために人を雇う使用者のほうが強い傾向にあります。そこで、労働者の健康や安全を守り、また、人間らしい生活を保障するために必要なルールとして、労働法が発展してきました。労働法といっても、労働法という名前の法律があるわけではありません。どのような法律があるか一部を紹介します。また、労働法は、日本で働くすべての労働者に適用されるので在留資格を取得して日本で働く外国人にはすべての労働法が適用されます。

【労働法の一部例】

法律名	内容
労働基準法（労基法）	労働条件の最低基準を定めた法律です。労働契約や賃金、労働時間、休日および年次有給休暇、労働災害補償、就業規則などの項目について、労働条件としての最低基準を定めています。
労働契約法（労契法）	企業と労働者の間での労働契約について基本的事項を定めることにより、労働条件の決定や変更の一般的なルールを定めています。

法律名 （ほうりつめい）	内容 （ないよう）
最低賃金法（最賃法） （さいていちんぎんほう　さいちんほう）	企業が労働者に対して支払う給与の最低額を定めた法律のことで、各都道府県ごとにその額が定められています。
労働安全衛生法（安衛法） （ろうどうあんぜんえいせいほう　あんえいほう）	労働災害を防止し、職場における労働者の安全と健康を確保し、快適な職場環境を形成することを目的にさまざまな規制がされており、規制に違反した場合の罰則が定められています。
男女雇用機会均等法（均等法） （だんじょこようきかいきんとうほう　きんとうほう）	労働者の採用・職種・配置・昇進などの雇用管理において性別による差別の禁止、婚姻や妊娠・出産などを理由とする不当な扱いの禁止などが定められています。

（2）労働契約書と労働条件通知書
（ろうどうけいやくしょ　ろうどうじょうけんつうちしょ）

　企業で働く時に企業と労働者が締結するのが労働契約書です。労働契約書は、2部作成し、署名・押印したあと、企業と労働者がそれぞれ保管するのが一般的です。しかし、法律では、文書での取り交わしをしなくても口頭でお互いが合意したときには労働契約が成立されることになります。企業側は、採用に際し、労働者に対して、雇用する期間や労働時間などの労働条件を明示することが法律で定められています。これらの条件を明示する書類を労働条件通知書といいます。

【書面の交付をしなければならない事項】
（しょめん　こうふ　　　　　　　　　　　じこう）

No	項目 （こうもく）	内容 （ないよう）
1	契約期間 （けいやくきかん）	契約期間の定めがない正社員の場合は「なし」と記載され、契約期間がある場合は期間が記載されています。また、契約期間がある場合は更新の上限の有無と更新上限を新設・短縮しようとする場合の説明が記載されています。

No	項目	内容
2	就業場所	働く場所が記載されています。基本的には会社や働く店舗などの住所が記載されています。また、将来の配置転換などにより変わる可能性のある場所の範囲も記載されています。
3	業務内容（配属部署など）	業務内容や配属される部署が記載されています。また、将来の配置転換などにより変わる可能性のある業務の範囲も記載されています。
4	始業終業時間、休憩時間、所定労働時間を超える労働（残業）の有無、休日、休暇	会社の始業時間と終業時間、残業の有無、休憩時間や休日、休暇が記載されています。
5	賃金、計算方法と支払いの方法、賃金の締め切り日と支払日、昇給に関する事項	賃金を記載します。月給・日給・時給など、計算方法や、いつからいつまでの賃金を何日に支払うか、銀行振込などの支払い方法、昇給の有無や昇給の時期・基準などが記載されています。ただし、昇給に関する事項については、口頭ですることもできます。
6	退職に関する事項（解雇の事由を含む）	定年退職の年齢や、自己都合による退職の際に何日前に連絡が必要か、解雇になる場合どのような理由かなどが記載されています。

【口頭での明示でもよい事項】

No	項目	内容
1	退職手当の定めが適用される労働者の範囲、退職手当の決定、計算・支払の方法、支払時期に関する事項	退職手当の制度がある場合に説明します。誰に、いつ、どのように計算した金額を、どのように支払うのかについて説明されます。

No	項目 こうもく	内容 ないよう
2	臨時に支払われる賃金、賞与 りんじ　しはら　　　　ちんぎん　しょうよ などに関する事項 かん　　　じこう	臨時の賃金・賞与とは、業績などによって支払わ りんじ　ちんぎん　しょうよ　　　　ぎょうせき　　　　　　　　　　しはら れる報奨金や、ボーナスのことをいいます。何を ほうしょうきん　　　　　　　　　　　　　　　　　なに 基準に、いつ、どのように支払われるのかが説明 きじゅん　　　　　　　　　　　　　　　　しはら　　　　　　　　　せつめい されます。
3	労働者に負担させる食費、 ろうどうしゃ　ふたん　　　　しょくひ 作業用品その他に関する事項 さぎょうようひん　た　かん　　　じこう	社員が支払う食費や、作業着や制服などの必要な しゃいん　しはら　しょくひ　　さぎょうぎ　せいふく　　　　　ひつよう ものを購入する必要がある場合に説明されます。 こうにゅう　ひつよう　　　ばあい　せつめい
4	安全・衛生に関する事項 あんぜん　えいせい　かん　　じこう	機械工具の点検や保護具の着用など、災害補償に きかいこうぐ　てんけん　ほごぐ　ちゃくよう　　　さいがいほしょう 関することや、健康診断の時期や回数など、 かん　　　　　　　けんこうしんだん　じき　かいすう 安全衛生に関することが説明されます。 あんぜんえいせい　かん　　　　　せつめい
5	職業訓練に関する事項 しょくぎょうくんれん　かん　　じこう	職業訓練の受講など、会社で定められたものがあ しょくぎょうくんれん　じゅこう　　　かいしゃ　さだ る場合に説明されます。 ばあい　せつめい
6	災害補償、業務外の傷病扶助 さいがいほしょう　ぎょうむがい　しょうびょうふじょ に関する事項 かん　　じこう	働く人が怪我をしたり、病気になった場合の会社 はたら　ひと　けが　　　　　　びょうき　　　　　ばあい　かいしゃ の補償について説明されます。 ほしょう　　　　　せつめい
7	表彰、制裁に関する事項 ひょうしょう　せいさい　かん　　じこう	会社に表彰や制裁の制度がある場合に説明されます。 かいしゃ　ひょうしょう　せいさい　せいど　　　ばあい　せつめい
8	休暇に関する事項 きゅうか　かん　　じこう	産休など法律で定められたものではなく、会社に さんきゅう　ほうりつ　さだ　　　　　　　　　　　かいしゃ 独自の制度がある場合に説明されます。 どくじ　せいど　　　ばあい　せつめい

（３）契約期間
けいやくきかん
①期間の定めのない労働契約
きかん　さだ　　　　　　ろうどうけいやく

　契約が終了する期限が定められていない雇用契約のことです。契約が終了する
けいやく　しゅうりょう　きげん　さだ　　　　　　　こようけいやく　　　　　　　　　　　けいやく　しゅうりょう
期限が定められていないので、契約が解除されない限りは続くこととなります。
きげん　さだ　　　　　　　　　　けいやく　かいじょ　　　　　かぎ　　　つづ

■正社員
せいしゃいん

　長期の雇用を前提としている雇用形態です。社会保険は完備されており、賞与や
ちょうき　こよう　ぜんてい　　　　　　こようけいたい　　　しゃかいほけん　かんび　　　　　　　しょうよ
交通費が支給される場合がほとんどで、キャリア形成のために転勤を含む人事異動
こうつうひ　しきゅう　　　ばあい　　　　　　　　　　けいせい　　　　　てんきん　ふく　じんじいどう
の対象となることもあります。一般的に、企業の中心で働き、安定的な処遇を受け
たいしょう　　　　　　　　　　いっぱんてき　　きぎょう　ちゅうしん　はたら　あんていてき　しょぐう　う
ている従業員を指します。
じゅうぎょういん　さ

②期間の定めのある労働契約

　契約が終了する期限が定められている雇用契約のことです。期間の定めのある契約は、原則として最長3年の雇用期間となります。

■契約社員

　契約社員は、正社員と違って、労働契約にあらかじめ雇用期間が定められています。雇用期間には上限があり、原則として1回あたり3年を超える契約はできません。一方で社会保険は完備されており、賞与や交通費が支給されるなど、福利厚生面は正社員と同等の場合もあります。

■派遣社員

　一般的には人材派遣会社と雇用契約を結び、それとは別に職場となる会社と人材派遣会社が派遣契約を結んで勤務する雇用形態のことです。つまり、賃金などを支払うのは人材派遣会社で、業務に関する指揮・命令をするのが実際に職場になる会社となります。また、勤務している間は、人材派遣会社の福利厚生を利用できます。

　例外が、常用型派遣社員です。常用型派遣社員は、派遣会社に正社員として雇用されるため、期間の定めのない契約となります。

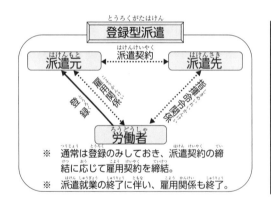

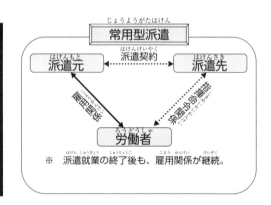

■パートタイマー・アルバイト

　パートタイマーとアルバイトは、勤務先の正社員より働く時間が短い労働者です。原則的に社会保険や交通費支給はありますが、勤務日数によっては適用されない場合もあります。一般的には、アルバイトは学生やフリーターで、パートタイマーは主婦というイメージが定着しています。

【フルタイム】

　会社で決められた「1週間あたりの所定労働時間」を満たしているかどうかが基準となります。例えば「週40時間を勤務時間とする」とある場合、40時間働くことができればフルタイム、そうでなければパートタイムということになります。

（4）企業の禁止事項

①賠償予定の禁止

　企業と労働者が労働契約を結ぶ際に労働者が契約の内容の業務を行わなかった場合の損害賠償額を予定する契約をしてはなりません。ただし、損害賠償があること自体を約束することは禁止されていません。

②前借金相殺の禁止

　労働者が企業からその仕事で将来的に働いて返すことを約束して借りた借金を賃金から差し引く（天引きする）ことを禁止しています。会社から借金を背負わされて、それを理由に労働者が仕事を辞めたくても辞められないことを防ぐためです。

③強制貯金の禁止

　企業が労働者を採用するときに労働契約に附随して社内預金の約束をさせたり、通帳や印鑑を保管する約束をさせたりすることを禁止しています。

（5）労働契約に基づく権利と義務

①労働者の権利

　労働者は、労働の対価として企業に対し、その賃金を請求する権利があります。一方で、労働者は以下のような義務を負います。

【労働者の義務（一例）】

労働者の義務	内容
誠実労働義務	命令された仕事を遂行できる心身の状態を保ち誠実に働くこと
業務命令遵守	会社の指揮命令に従って働くこと
職務専念	働いている時間はその仕事に専念すること
職場環境維持	職場の規律と秩序維持に協力すること

労働者の義務	内容
施設管理権	会社の許可なく会社施設や備品を利用しないこと
信用保持	会社の信用を失墜させるようなことをしないこと
競業避止	会社と競合する他社に勤めたり取引をしないこと
兼業禁止	会社の許可を得ずにアルバイトなどをしないこと
秘密保持	職場内のことは他で話さない、会社の秘密を守ること

②企業の権利と義務

　　企業は、労働契約の締結により、労働者の労働力を利用・処分する権限を取得し、当該労働者に対して、賃金の支払いなど以下のような義務を負います。

【企業の義務（一例）】

企業の義務	内容
賃金支払い義務	賃金の支払いに関する法律に従って支払うこと
安全配慮義務	労働者の生命および身体などを危険から保護するよう配慮すること
職場環境保持義務	労働者が職場で快適に働けるように、職場環境を整備・保持すること
人格的利益の尊重義務	労働者のプライバシーや名誉などの人格的利益を尊重すること

（6）解雇と予告手当

　　企業と労働者の契約において、労働関係が終了するケースには、「退職」、「解雇」、「契約期間の満了などによる終了」の3つがあります。

①退職

　　労働者からの申し出によって労働契約を終了することを退職（正式には「依願

退職」）といいます。契約期間の定めがない労働者の退職はその意思表示から2週間で効力を生じることになります。ただし、会社の就業規則に退職手続きが定められている場合は、それに沿って退職を申し出る必要があります。一般的には退職予定の1か月前に申し出るという会社が多いです。また契約期間の定めがある有期労働契約を結んでいた場合には、やむを得ない事情がある場合を除いて、契約を解除することはできません。

②解雇

　解雇は企業から一方的に労働契約を終了するもので、「整理解雇」、「懲戒解雇」、「普通解雇」の3種類があります。労働者に重大な影響を及ぼすことから、客観的に合理的な理由を欠き、社会通念上相当と認められない場合は、労働者を解雇することはできません。契約期間に定めのある労働者については、やむを得ない事由がある場合でなければ、契約期間が満了するまでの間において労働者を解雇することができません。

・整理解雇
　会社の経営悪化により、人員整理を行うための解雇のことです。

・懲戒解雇
　労働者が極めて悪質な規律違反や会社の秩序を乱すようなことを行ったときに、懲戒処分として行うための解雇のことです。

・普通解雇
　整理解雇、懲戒解雇以外の理由（従業員の能力不足、業務が原因ではないけがや病気など）で解雇することです。

③契約期間の満了などによる終了

　期間の定めのある労働契約（有期労働契約）を締結する場合、上限は原則3年以内とされています。労働契約に期間が定められている場合には、その期間が満了することにより、労使双方からの意思表示がなくても、労働契約は当然に終了するので解雇の予告などは必要ありません。ただし、期間満了後も労働契約が事実上継続すれば、契約の黙示の更新となります。

【定年退職】

　「定年」とは、労働者が一定の年齢に達したときに自動的に労働契約が終了する

制度で就業規則などに定められたものをいいます。なお、定年の定めをする場合には60歳を下回ることはできません。また、定年年齢を65歳未満に定めている事業主は、65歳までの安定的な雇用確保を図るために、定年年齢の65歳までの引上げ、希望者全員を65歳まで継続雇用する制度の導入、定年の定めの廃止のいずれかの措置をとらなければなりません。

④解雇予告と解雇予告手当

　企業は、労働者を解雇しようとする場合、少なくとも30日以前に予告しなければならず、予告日数が30日に満たない場合は、不足日数分の平均賃金を労働者に支払わなければなりません。

　期間の定めのある労働契約については、3回以上契約が更新されている場合や1年を超えて継続勤務している人については、契約を更新しない場合、使用者は30日前までに予告をしなければならないとされています。

2 就業規則

　就業規則は会社の基本的なルールです。会社も従業員も共に守るべき事項がまとめられています。労働時間や休日・休暇、支払われる賃金額、入退社時の手続きなど、従業員が会社へ入社し、退社するまでの間に必要とされる取り決めの内容が記されています。就業規則は、従業員が会社内で守らなければならない規則が記載されていることから「会社のルールブック」とも呼ばれています。

（1）就業規則で定めるべき事項

　就業規則には、「必ず書かれている項目」と「ルールがある場合のみ書かれている項目」があります。

①絶対的必要記載事項（必ず記載しなければならない事項）

労働時間に関する内容…始業・終業・休憩などの就業時間や休日・休暇など
賃金に関する内容…給料の額や計算方法、支払い、昇給についてなど
退職に関する内容…退職や定年、解雇について

②相対的必要記載事項（ルールを定める場合には記載しなければならない事項）

退職手当に関する内容…条件や支払い方法、支払い時期について

臨時の賃金や賞与、最低賃金に関する内容

食費や備品など、費用負担に関する内容

安全衛生に関する内容

職業訓練に関する内容

災害補償や業務外のケガや病気の扶助に関する内容

表彰や制裁に関する内容

その他…その会社の全労働者に適用されるルールについて

（2）懲戒処分

懲戒処分とは、従業員が企業で労働する上で義務となるルールに違反し、会社が科す一種の制裁罰のことです。軽いものでは口頭の注意から、重いものでは解雇となる場合もあります。就業規則には、どのようなルール違反に対してどのような処罰があるのかが記載されています。

【懲戒処分の種類】

懲戒処分	内容
戒告	口頭での注意。
譴責	始末書を提出させること。同様の行為を行わないよう従業員の言葉で誓約させるもの
減給	本来ならば支給されるべき賃金の一部が差し引かれるもの。
出勤停止	一定期間の会社への出勤を禁止するもの。
降格	役職、職位、職能資格を引き下げること。
諭旨解雇	企業が従業員を一方的に解雇するのではなく、両者が話し合い、納得した上で解雇処分を進めること。
懲戒解雇	企業側が従業員と結ぶ労働契約を一方的に解消すること。

軽い　→　重い

3 賃金と休日

（1）賃金支払いの5原則

　企業が労働者に給与を払う際に、労働基準法で決められた5つのルールがあります。この5つのルールを賃金支払いの5原則といいます。

①通貨払いの原則

　給料は、お金で支払わないといけないというルールです。したがって昔の物々交換のようにお米で支払ったり、自社の商品で支払ったりすることは禁じられています。

　また、労働者が同意した場合は、給与を現金で支払うのではなく、労働者が指定する銀行口座などへの振り込みで支払うことが認められます。

②直接払いの原則

　給与は労働者本人に支払わなければならず、労働者の代理人や親権者などに代わりに支払うことはできません。

③全額支払いの原則

　給与はその全額を支払わなければなりません。したがって強制的に賃金の一部を天引きして支払うことは禁止されています。ただし、所得税や社会保険料など、法令で定められているものの控除は認められています。それ以外の控除（社宅の費用、食費など）は、労働者の過半数で組織する労働組合、または労働者の過半数を代表する者と労使協定を結んでいる場合は天引きすることが認められます。

④毎月1回以上払いの原則

　給与は、毎月1回以上支払う必要があります。年俸契約の場合でも、先払いでない限り、毎月分割払いしなければなりません。ただし、臨時の賃金や賞与（ボーナス）は例外です。

⑤一定期日払いの原則

　給与は、一定の期日を定めて支払わなければなりません。一定期日なので、

「毎月25日」や「月末日」というように支払期日を定めてその期日に支払わなければなりません。不定期に支払うというようなことは原則として許されません。例外として、給与日が休日に該当する場合は、その日が月の末日でなければ、翌日に変更することができます。

【休業手当】

労働者は働く用意があるのに、機械の故障により休業せざるを得なかった場合や、仕事がないために休業した場合など会社の都合による場合などによって、労働者が働くことができなかったときには、労働者の生活を保護するという観点から、使用者は平均賃金の60%以上の休業手当を支払わなければなりません。

【減給の定めの制限】

労働者が、無断欠勤や遅刻を繰り返したりして職場の秩序を乱したり、職場の備品を勝手に私用で使用したりするなどの規律違反をしたことを理由に、制裁として、賃金の一部を減額することを減給といいます。就業規則で、労働者に対して減給の制裁を定める場合においては、その減給は、1回の額が平均賃金の1日分の50%を超えてはならず、総額が一賃金支払期（月給なら月給の金額）における賃金の総額の10%を超えてはなりません。

【出来高払いの保障給】

出来高払制その他の請負制で使用する労働者については、使用者は、労働時間に応じて一定額の給与の保障をしなければなりません。一定額の給与の保障給については平均賃金の60%が目安とされています。

（2）割増賃金

法定時間外・法定休日・深夜（午後10時〜午前5時）に労働させた場合は、通常の労働時間または労働日の賃金の計算額に一定の割増率を乗じた割増賃金を支払わなければなりません。

その趣旨は、時間外労働などを抑制し労働時間に関する労働基準法の規定を遵守させるとともに、労働者への補償を行うことにあります。

・時間外労働
法定労働時間（1日8時間、1週間で40時間）を超えた残業時間
・法定休日労働
法律で定められた最低休日である週1回以上または4週間に4回以上与えなけれ
ばならない「法定休日」に労働することを意味します。
・深夜労働
深夜労働とは、原則として、午後10時から午前5時までの間に労働すること

①割増賃金率

労働時間	時間	割増率
法定時間外労働	1日8時間、40時間超	1.25倍
1か月に60時間超	月60時間を超える時間外労働	1.5倍
法定休日労働	法定休日の労働時間	1.35倍
深夜労働	22：00〜5：00の労働時間	1.25倍
時間外労働（限度時間内）＋深夜残業	時間外労働＋深夜労働の時間	1.5倍
法定休日労働＋深夜労働	休日労働＋深夜労働時間	1.6倍

②違反した場合の罰則
時間外労働や休日労働、深夜労働をさせながら割増賃金を支払わないのは
労働基準法の違反行為であり、6か月以下の懲役または30万円以下の罰金刑が科さ
れます。
【例外】
時間外労働などをさせる場合であっても、会社が労働者の過半数が加入する
労働組合や労働者の過半数の代表者と合意した場合には、代替休暇（振替休日）を
与えることによって割増賃金の適用を免れることが可能です

（3）最低賃金
最低賃金とは、最低賃金法に基づき国が賃金の最低限度を定め、企業は、その

最低賃金額以上の賃金を支払わなければならないとする制度です。

①最低賃金の種類

　最低賃金には、都道府県別に定められた「地域別最低賃金」と、特定の産業で働く労働者を対象に定められた「特定（産業別）最低賃金」の2種類があります。「特定（産業別）最低賃金」は「地域別最低賃金」よりも高い金額水準で定められています。

※地域別と特定（産業別）の両方の最低賃金が同時に適用される労働者には、企業は高い方の最低賃金額以上の賃金を支払わなければなりません。

【地域最低賃金】

　「地域別最低賃金」とは、産業や職種にかかわりなく、各都道府県内で働くすべての労働者と企業に対して適用される最低賃金です。都道府県ごとに最低賃金が定められています。

【特定（産業別）最低賃金】

　「特定（産業別）最低賃金」は、特定の産業について設定されている最低賃金です。「地域別最低賃金」よりも金額水準の高い最低賃金を定めることが必要と認められる産業について設定されています。

②対象者

　地域別最低賃金は、パートタイマー、アルバイト、派遣社員、正社員など雇用形態に関係なく各都道府県内の事業場で働くすべての労働者とその企業に適用されます。一方、特定（産業別）最低賃金は、特定の産業の基幹的労働者とその企業に対して適用されます。

【特定（産業別）最低賃金が適用されない労働者】

・18歳未満または65歳以上の者
・雇入れ後一定期間未満の技能習得中の者
・その他その産業において特有の軽易な業務に従事する者
※特定（産業別）最低賃金ごとに異なります。

③最低賃金の対象

　最低賃金の対象となるのは毎月支払われる基本的な賃金なので、最低賃金を計算

する場合には、基本給＋諸手当（皆勤手当、通勤手当、家族手当は除く）が最低賃金の対象となります。

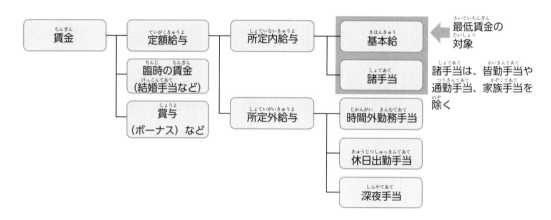

---

4 労働時間

（1）労働時間の原則

　労働基準法では、1日及び1週間の最長労働時間、休憩時間及び休日の原則について定めています。

【労働時間】

　労働時間は、使用者の指揮監督下にある時間をいい、原則的には、始業時刻から終業時刻までの拘束時間から休憩時間を除いた時間となります。

> 【労働時間としてみなされるもの】
> ・作業と作業の間の手待時間（昼休みの電話当番で電話を受けていない時間など）
> ・作業開始前のミーティング、交代制勤務の場合の引継ぎ時間
> ・作業服への着替え時間（業務の準備行為として行うことが義務づけられている場合）
> ・作業前の準備、作業後の後始末・掃除（使用者の指示がある場合）
> ・仮眠時間（警報や電話への対応などその場での労働から離れることが保障されていない場合）

①労働時間

　使用者は労働者を、原則として、1日に8時間、1週間に40時間を超えて労働させてはいけません。

②休憩

労働時間が6時間を超える場合は45分以上、8時間を超える場合は1時間以上の休憩を与えなければいけません。

③休日

毎週少なくとも1回の休日を与えなければなりません。毎週1回与えることが難しい場合には、4週間に4日以上の休日によることもできます。

（2）時間外労働

時間外労働には「法定時間内残業」と「法定時間外労働」の2つがあります。労働基準法では、法定労働時間として1日の労働時間を8時間、1週間では40時間と定めています。この基準以内の残業であれば「法定時間内残業」であり、基準を超えた労働は「法定時間外労働」となります。始業開始前に働くこともちろん時間外労働の対象となります。

時間外労働	就業規則で定められた勤務時間（7時間）		時間外労働（残業）	
	所定労働時間		法内残業	法定時間外労働
	← 休憩時間			

| 8:00 | 9:00 | 12:00 〜 13:00 | 17:00 | 18:00 | 20:00 |

①割増賃金

上述した2種類の残業のうち、労働基準法によって割増賃金の支払義務があるのは、法定時間外労働だけです。法定時間内残業については、労働基準法上、特に割増賃金の支払義務は定められていません。したがって、法定時間内残業を行った場合に、いくらの賃金を支払うこととするのかは、労働契約や就業規則によって決まることとなります。

②固定残業代（みなし残業）

固定残業代とは、残業代があらかじめ固定給に含まれている労働契約のことをいいます。労働条件確認書や労働契約書において、固定残業は金額と時間を明確に記載する必要があります。（固定残業代の時間単価は給料の時間単価の25％割り増

しになっていること）その規定された時間を超える残業代については、別途に支払う義務があります。

③労働時間等の例外

・例外となる業種

従業員数が9人以下の会社で、次の業種に該当する場合は、1日8時間、1週間で44時間まで労働させることができます。

業種	該当するもの
商業	卸売業、小売業、理美容業、倉庫業、駐車場業、不動産管理業、出版業（印刷部門を除く）その他の商業
映画・演劇業	映画の映写、演劇、その他興業の事業（映画製作・ビデオ製作の事業を除く）
保健衛生業	病院、診療所、保育園、老人ホームなどの社会福祉施設、浴場業（個室付き浴場業を除く）、その他の保健衛生業
接客娯楽業	旅館、飲食店、ゴルフ場、公園・遊園地、その他の接客娯楽業

・管理監督者等

企業において、部長や課長などの管理監督する地位にある者や、秘書などの機密の事務を取り扱う者などについては、労働時間、休憩、休日に関する規定が適用除外とされています。

【管理監督者とは】

管理監督者とは、一般的には部長、工場長などの労働条件の決定、その他労務管理について経営者と一体的な立場にある者の意味ですが、名称にとらわれず、以下のように実態に即して判断すべきものとされています。

・管理監督者は経営者と一体的な立場で仕事をしているかどうか
・企業運営に係る意思決定に関与することができるかどうか
・人事権その他内部運営に係る権限が相当の範囲で認められているかどうか
・自身の業務時間、業務量に広範な裁量が認められるかどうか
・地位に相応しい待遇が与えられているかどうか

④サービス残業

　サービス残業とは、残業代が支払われない状態で残業することです。社員に残業をさせた場合、会社は社員に対して残業代を支払わなければならないということが労働基準法によって定められてるので違法行為となります。

（3）36協定

　法定労働時間を超えて労働者を働かせる場合には、あらかじめ労働者の過半数を代表する者または労働組合との間に、「時間外労働・休日労働に関する協定（36協定（サブロク協定））」を締結し、労働基準監督署に届け出なければいけません。また、法定時間外労働に関しては、法律で定めた率以上の割増賃金の支払いが必要になります。

（4）年次有給休暇

　年次有給休暇とは、使用者から賃金の支払いを受けられる休暇日のことで、労働基準法で認められた労働者の権利です。正式名称は年次有給休暇ですが、略して「有給」、「有給休暇」などの名称で呼ばれることもあります。有給休暇は基本的に、労働者が請求した日に利用することができます。ただし、会社は繁忙期など労働者に休まれると困ってしまう日に関しては、有給休暇の取得日を変更するよう労働者に求めることができます。

①年次有給休暇が付与される条件

　有給休暇は正社員、アルバイト・パートタイムなどの雇用形態にかかわらず下記の要件をいずれも満たせば付与されます。

・雇入れの日から6か月間継続勤務している
・全労働日の8割以上出勤している

②年次有給休暇の日数（フルタイム勤務の場合）

　週5日のフルタイム勤務であれば、入社6か月時に10日間の有給休暇が付与されます。その後は年数が増えるにつれ、有給休暇が付与される日数も増えていき、最終的には年間で20日間付与されることになります。有給休暇の取得日数は次のページにある表の通りです。

勤続年数	6か月	1年6か月	2年6か月	3年6か月	4年6か月	5年6か月	6年6か月以上
有給休暇日数	10日	11日	12日	14日	16日	18日	20日

※付与された有給休暇はいつまでもため続けることはできません。有給休暇の権利行使は付与されてから2年までです。なお、退職時に残った有給休暇の日数に関してもそのまま権利が消滅することが原則です。

（5）フレックスタイム制

フレックスタイム制とは「始業や就業の時間を社員が自分で自由に決めることができる働き方」のことをいいます。

■通常の労働時間制度

■フレックスタイム制（イメージ）

※フレキシブルタイムやコアタイムは必ずしも設けなければならないものではありません。コアタイムを設定しないことによって、労働者が働く日も自由に選択できるようにすることも可能です。また、フレキシブルタイムの途中で中抜けするなどといったことも可能です。

フレックスタイム制を導入した場合には、労働者が日々の労働時間を自ら決定することとなります。そのため、1日8時間・週40時間という法定労働時間を超えて労働しても、ただちに時間外労働とはなりません。逆に、1日の標準の労働時間に達しない時間も欠勤となるわけではありません。フレックスタイム制でも残業時間は発生します。残業時間は通常1日ごとに計算しますが、清算期間が1か月を超えないフレックスタイム制では設定した清算期間内に総労働時間を超えて働いた時間を計算します。また、清算期間が1か月を超える場合は、その期間における総労働

時間が法定労働時間の総枠を超える場合だけではなく、1か月ごとの労働時間が週平均50時間を超えた部分についても残業時間として計算されます。清算期間は、3か月を超えてはなりません。

（6）その他の労働形態
①変形時間労働制
　変形時間労働制は、法定労働時間を月単位・年単位で精算することで、繁忙期などの勤務時間のばらつきに対応する制度です。繁忙期の影響がある職種や、365日稼働のシフト制の会社などは変形時間労働制になっていることも多いです。

②裁量労働制
　労働時間を実労働時間ではなく一定の時間とみなす制度のことです。デザイナーやエンジニア（SE）、企画系、などのクリエイティブな職種が裁量労働制を多く採用しています。出退勤時間が会社から管理されることのない自由度の高い労働形態です。一方で、実労働時間に応じた残業が認められないことから、不当な長時間労働などの問題も出てきています。

③年俸制
　年俸制での給料は、法定労働時間内で働いた場合の賃金を年間で算出し、月々分けて支払っているだけです。法定労働時間を超えれば時間外労働になり、時間外労働手当が支払われることとなります。

（7）働き方改革
　日本では、労働者の多様な事情に応じた「職業生活の充実」に対応し、「働き方改革」を総合的に推進するために、長時間労働、非正規社員と正規社員の格差、労働力人口不足などの課題に対して以下の取り組みを実施しています。
・労働時間の短縮と労働条件の改善
・雇用形態にかかわらない公正な待遇の確保
・多様な就業形態の普及
・仕事と生活（育児、介護、治療）の両立

①時間外労働の上限規制

　時間外労働の上限は、原則として月45時間、年360時間とし、臨時的な特別な事情がある場合でも、年720時間、単月100時間未満（休日労働を含む）、複数月平均80時間（休日労働を含む）を限度とします。月45時間を超えることができるのは、年間6か月までです。

②年次有給休暇の確実な取得

　使用者は、1年10日以上の年次有給休暇が付与されるすべての労働者に対し、毎年5日、時季を指定して年次有給休暇を与えなくてはなりません。ただし、年次有給休暇を5日以上取得している労働者については、使用者があらためて取得する時季を指定する必要はありません。

③高度プロフェッショナル制度

　高度な専門的知識を必要とする対象業務に従事する労働者で、年収や健康確保措置などの一定の要件を満たす場合には、労働時間、休日、深夜の割増賃金などの規定は適用除外となります。

④不合理な待遇差の解消

　同一企業内において、正規雇用労働者と非正規雇用労働者（パートタイム労働者、有期雇用労働者、派遣労働者）との間の不合理な待遇差は禁止されています。

---

5 労働安全・衛生

（1）ハラスメント防止

　職場におけるハラスメントは、職場において労働者の能力発揮を妨げるばかりでなく、企業の社会的評価を低下させることにもなりかねない雇用管理上の問題です。そのため、職場におけるハラスメントは予防・防止が重要となります。

①主なハラスメントの種類

■パワーハラスメント

　職務上の地位や役職などの優位性を背景に適正な業務の範囲を超えて、労働者に

対して精神的、身体的苦痛を与えることです。叩く、殴る、蹴るなどの暴力だけではなく、一人だけが別室に席を移される、同僚の目の前で執拗に叱責されるなどの力関係を利用して不当な業務を押しつける行為もあてはまります。

■セクシュアルハラスメント

　職場におけるセクシュアルハラスメントには、「対価型セクシュアルハラスメント」と「環境型セクシュアルハラスメント」の2つの種類があります。「対価型セクシュアルハラスメント」は性的な言動・行動に労働者が反抗したことによって、解雇や降格、減給、昇進の対象外になるといった労働条件上の不利益を受けることを指します。

　「環境型セクシュアルハラスメント」は、はっきりした不利益を伴わなくても、性的な言動を繰り返すことで働く環境を悪化させることを指します。女性に対して結婚や出産のことを尋ねることなども含まれます。

■モラルハラスメント

　モラルハラスメントとは言葉や態度などによって精神的に継続的ないやがらせを行うことです。パワーハラスメントとは異なり、嫌がらせに上下間の力関係は持ち込まれません。同僚、上司などから無視されたり、努力を正当に認めてもらえなかったり、常に怒られるというプレッシャーをかけ続けられるなどで自信を失くしたり、恐怖心に苛まれたりするパターンが多いです。

■マタニティハラスメント

　妊娠、出産に伴う就業制限や育児休暇により業務上の支障をきたすという理由で精神的・肉体的いやがらせを行うことです。マタニティハラスメントには、妊娠中の女性が受ける嫌がらせだけでなく、育児休暇を申請・取得した男女（親）が受ける嫌がらせも含まれます。

②ハラスメントの防止措置

　男女雇用機会均等法、育児・介護休業法、労働施策総合推進法では、「セクシュアルハラスメント」、「マタニティハラスメント」、「パワーハラスメント」について、事業主が防止対策を講じることが義務となっています。

方針の明確化 及び周知啓発	ハラスメントの内容、ハラスメントがあってはならない旨の方針を明確化し、周知すること
	行為者には厳正に対処する旨の方針と対処内容を定め、周知すること
相談体制整備	相談窓口を設置し、窓口担当者が適切に対応できるようにすること
	パワハラ、セクハラなどいろいろな種類のハラスメントをひとつの相談窓口で対応できるようにすること
ハラスメント の事後対応	事実関係を迅速かつ正確に確認すること
	事実確認ができた場合、被害者に対する措置を適正に行うこと
	事実確認ができた場合、行為者に対する措置を適正に行うこと
	再発防止に向けて措置を講じること
原因解消のた めの措置	業務体制の整備など、事業主や妊娠などをした労働者その他の労働者の実情に応じ、必要な措置を講じること（妊娠等ハラスメントのみ）
併せて講ずべ き措置	相談者などのプライバシーを保護するために必要な措置を講じ、周知すること
	相談したことなどを理由として不利益取扱いをしてはならない旨を定め、周知すること

（２）労働安全衛生教育

　労働災害を防止するために、労働者の就業にあたって必要な安全衛生に関する知識などを付与するために実施する教育が労働衛生安全法で義務づけられています。労働災害への対策は、設備・作業環境などの整備・改善といった物的対策と、労働者への技能・知識付与や作業マニュアル遵守の徹底などの人的対策に分けられます。

（3）健康診断・ストレスチェック

　労働安全衛生法では、事業者は作業環境測定、作業の管理、健康診断などの実施により、労働者の健康保持・増進を行う義務があります。

【企業側の義務】

・労働者を雇い入れるときや、雇い入れた後は年に１回の頻度で医師による健康診断を行うこと（労働者はその健康診断を受けなければなりません）

・労働者に対してストレスチェックを行い、その結果に基づいて作業の転換などの必要な就業上の措置をとること（労働者数50人未満の事業場は努力義務）

・健康管理の観点から、労働者の労働時間の状況を客観的に把握すること

・１か月あたり80時間を超える時間外・休日労働を行った労働者がいる場合には、労働者に対して、医師による面接指導を行い、その結果に基づいて作業の転換などの必要な就業上の措置をとること　など

4 日本の法律

1 憲法

　日本国憲法は1946年11月３日に公布、翌年の５月３日に施行された、日本の法律の最高法規として位置づけられるものです。そのため、法律などの国内の他のルールはもちろん、外国とのルール（条約や国連憲章）でさえも、憲法に反することは許されません。

（1）三大原則

　日本国憲法には国としてのいろいろな決まりごとが書かれているのですが、その中でも重要なのが、「国民主権」、「平和主義」、「基本的人権の尊重」という三大原則です。

①国民主権

　主権とは、国の意思を決定する権利のことをいいます。この主権が国民にあるということは、国の意思を国民が決定できる（実際には国民の代表者である政治家が決定をするという形ですが）ということです。日本国憲法よりも前の大日本帝国憲法では、この主権が天皇にあるとされていました。日本国憲法下で天皇は、日本国と日本国民統合の象徴とされています。

②平和主義

　日本国憲法の第９条は、「戦争放棄」「戦力不保持」「交戦権の否認」という３つの原則からなっています。「交戦権の否認」とは、国家が戦争をする権利を認めないことです。「戦力不保持」とは、軍隊その他の戦力を持たないことです。「交戦権の否認」に関しては、世界で唯一、日本国憲法にしか明記されていません。そのため日本国憲法は「平和憲法」とも呼ばれています。

③基本的人権の尊重

　基本的人権とは、人が生まれながらにして持っている権利のことです。例えば

生存する権利や自由を求める権利などです。この権利は最大限に尊重される必要があり、侵すことのできない永久の権利として日本国憲法に規定されています。例えば、人種、信条、性別、社会的身分などの差によって、法律では差別されないように定めた権利です。

（2）三大権利

憲法には国民が有する権利についても定められています。ここでは3つの権利について説明します。

①生存権：生存権とは、人間が人間らしく生きるために必要な環境を国家に要求することができる権利です。

②教育権：すべての国民がその能力に応じて、経済的な貧富の別なく、等しく教育を受けることができる権利です。小学校、中学校の授業料については無償化されています。

③参政権：すべての国民には、国の政治に参加する権利が与えられています。直接的には、公務員や国会議員になるための「公職就任権」や間接的には「選挙権」などがあります。

（3）三大義務

日本国憲法には権利だけでなく、国民の義務についても定められています。ここでは3つの義務について説明します。

①納税の義務：税金は、国を維持し、発展させていくために欠かせないものです。そこで憲法では税金を納めること（納税）は国民の義務と定めています。

②勤労の義務：納税するためには働くことが必要となるので働くこと（勤労）が義務と定められています。

③教育を受けさせる義務：子供に普通教育（小学校・中学校の教育）を受けさせなければならないという親（保護者）の義務です。

2 刑法

　刑法は、刑罰と、刑罰を科せられるべき行為である犯罪を規定した法律のことをいいます。犯罪を起こしたときに適用される刑罰は、あらかじめどのようなものが犯罪になるのか、どのような犯罪を起こせば、どういった刑罰が適用されるのかということが定められています。ただし、刑法に記されている罪を犯した人がいたとしても、個人が刑罰を下すことは認められていません。刑法は、国民が犯した罪に対して、国家がその罪を裁くという関係性があって成り立っています。また、刑法では「日本国内で罪を犯した者に適用する」と定められているので、国内で外国人が罪を犯した場合でも刑法は適用されるうえに、日本の船舶や航空機で犯罪が起きた場合でも適用されることになっているため、イギリス上空を飛ぶ日本の航空機内で外国人が罪を犯した場合にも日本の刑法が適用されます。

（1）「犯罪」について

　「殺人をしてはいけない」「窃盗をしてはいけない」という私たちにとってはあたり前のものとなっている「犯罪」についての記載がされています。法律としてはっきり明記することで、「犯罪」と「犯罪でないもの」を区別しています。

【刑事事件の種類】

凶悪犯	殺人、強盗、放火、強姦
粗暴犯	暴行、傷害、脅迫、恐喝、凶器準備集合
窃盗犯	窃盗
知能犯	詐欺、横領、偽造、汚職、背任
風俗犯	賭博、わいせつ
その他	公務執行妨害、住居侵入、逮捕監禁、器物損壊、占有離脱物横領など

（2）「刑罰」について

　刑法で定められた「犯罪」を犯してしまった者を裁くための法律です。刑罰には、犯してしまった犯罪を罰するという目的と、刑罰があることによって犯罪を抑制する狙いがあります。

【刑罰の種類】

死刑	命を奪う刑罰で、絞首によって行われると定められています。
懲役刑	1か月以上刑務所に拘束され、刑務所にて刑務作業を行うことになる刑罰です。
禁固刑	懲役と同じように、1か月以上の間、身柄を刑務所で拘束される刑罰です。懲役との違いとしては、刑務作業を行う義務がないことです。
罰金刑	罰金とは、1万円以上の金銭を納付する刑罰です。もしも罰金をすべて支払うことができない場合には、労役留置所に留置されることになり、そこで働いて支払うことになります。
拘留	1日以上30日未満、刑務所で拘束される刑罰です。懲役との違いは、刑務作業の義務がないこと、禁錮との違いは、期間が30日未満となっており短い期間であることです。
科料	千円以上1万円未満の金銭を納付する刑罰です。科料の場合も、罰金と同じように、支払いができない場合は労役留置所に留置されることになります。
没収	受刑者が持っている、犯罪に関連するものを剥奪する刑罰です。没収は付加刑ですので、上記の6つの主刑とあわせて言い渡されることになります。

3 民法

　民法とは、「民」、いわゆる市民を主体として、生活に関する法律の基本を定めるものです。私たちが社会で安心・安全に暮らすためには、人と人との間に秩序が

必要となりますが、民法は、その人と人との間のルールを定めています。

（1）民法の三原則

　民法では、「権利能力平等の原則」「私的自治の原則」「所有権絶対」を三原則として、以下のような内容が定められています。

①権利能力平等の原則

　日本国民は国籍や階級、職業、性別などにかかわらず、すべての人は等しく権利を持つという意味です。

②私的自治の原則

　個人の私的法律関係に国家は口だしをせず、個人の意思を尊重するというものです。契約をするか否かを決める権利や契約の相手を自由に決められる権利を含めた「契約自由の原則」、他人に損害を与えてしまった時の責任の有無を決める「過失責任の原則」などです。

③所有権絶対の原則

　公共の福祉に反しなければ、自分の所有物を自由に使用したり処分することができるという原則です。かつては貴族や武将などが、力の強さで土地の所有権を奪うことができましたが、そういったことは一切なくし、土地の所有権は保持している者に帰属すると定めています。反対に手放すことも自由です。

（2）民法の内容

　民法は、大きく分けて、２つのカテゴリーに分かれています。１つは、財産関係を規定する「財産法」と、家族関係を規定する「家族法」です。

①財産法

　民法のうち財産関係についての規定の部分のことを「財産法」と呼んでいます。財産法は、総則、物権、債権に分かれています。

　総則には、財産法全体に共通する規定が定められています。総則のうち通則では、信義誠実の原則（信義則）や権利濫用の禁止など私法の基本原則が定められています。

また、総則では、人や法人など権利義務の主体・客体に関する規定、意思表示など法律行為に関する規定、時効に関する規定などが定められています。

物権とは、土地や建物などの物に対する支配権に関すること、債権とは、人に対する権利であり、他人に一定の行為、例えば物を引き渡すとか、お金を払うとか、その他何らかの行動をする（あるいは、しない）ことを求める権利です。

②家族法

民法のうち家族関係についての規定の部分のことを「家族法」と呼んでいます。家族法は、さらに、親族関係について定める「親族法」と相続関係について定める「相続法」に分かれています。「親族法」では、親族関係についての基本を定める総則や婚姻（結婚）、離婚、親子関係、養子縁組や離縁、親権、後見、扶養などを規定しています。相続法では、相続の開始、相続人、遺産分割などの相続の効力、相続の承認・放棄、相続人の不存在の場合の処理、遺言などについて定めています。

4 会社法

会社法とは、会社の設立から解散、組織運営や資金調達など、会社に対するあらゆるルールを法律としてまとめたものです。会社法の役割は、大きく分けて3つあります。

①会社の取引相手を保護する
②利害関係者の利益を実現する
③法律関係を明確にする

（1）会社の種類

会社法における会社の種類は、次のページのように「株式会社」と「持分会社（合名会社・合資会社・合同会社）」の2種類に区別されます。責任範囲というのは、仮に会社が倒産してしまった際の、責任の取り方を表しています。有限責任は、出資した金額が上限で、それ以上に負担する必要はありません。無限責任は、会社の借金も含め、個人の全財産を失ってでも返済する必要があります。

区分	内容	会社形態	資本金	責任範囲
株式会社	株式会社は、不特定多数の投資家などから大きな資金（資本金）を集め、大規模な事業を展開することを目的としています。	株式会社	1円～	有限責任
持株会社	持株会社は原則として、信頼し合った人たち（出資者）が集まり、出資者自身が利益配分などの権限に対して決定権を持ち、業務を執行します。	合同会社	1円～	有限責任
		合名会社	0円～	無限責任
		合資会社	0円～	有限責任・無限責任

【持分会社の種類】

合同会社	経営者と出資者が同一であり、出資者全員が有限責任社員であるという2つの特徴があります。
合名会社	合名会社とは、無限責任社員のみで構成されている会社のことを指します。複数人の個人事業主が集まって成り立っている会社といえます。
合資会社	合資会社は有限責任社員と無限責任社員の2者から構成されている会社です。最小2人からの設立が可能です。

（2）株式会社

　株式会社は、不特定多数の投資家などから大きな資金（資本金）を集め、大規模な事業を展開することを目的としています。また、この株式会社では、業務を執行する際、「出資者（株主）」と経営を執り行う「取締役」とが区別され「所有と経営の分離」がなされています。

　会社法における株式会社は、株主総会、取締役・取締役会、監査役・監査役会、会計参与・会計監査人、委員会などさまざまな機関を持つといった運営の仕組みに特徴があります。

① 株主総会

　株主総会は、株式会社の中で最高意思決定機関の役割を担っており、株主は株式会社の所有者であり、財産分配請求権を持ちます。株主が集まる株主総会は、株式会社の基本方針や重要事項の決定や取締役の選任、解任、監査役の選任、解任など株式会社としての組織や運営、管理に関する重要課題を決定する最も重要な機関です。

② 取締役

　取締役とは、会社の業務執行に関する意思決定を行う者として会社法に定められている役員のことをいいます。取締役の人数は、原則として1人以上であればよいですが、取締役会設置会社においては3人以上でなければなりません。

　代表取締役は会社を代表し、会社の業務に関する一切の裁判上または裁判外の行為をする権限を有するとされています。これは、代表取締役が対外的な関係において会社を代表し、かつ、その範囲が会社の業務のすべてに及ぶことを意味します。

　取締役会を設置している会社では取締役会の決議によって取締役の中から代表取締役を選定しなければなりません。取締役会を設置していない会社では、定款、定款の定めに基づく取締役の互選または株主総会の決議によって、取締役の中から代表取締役を定めることができます。

③ 監査役

　監査役の役割は、取締役の職務執行を監査することで、具体的には業務監査と会計監査を行います。会社法では、「監査役の設置は任意であり、選任しなくてよい」となっています。ただし「取締役会設置会社と会計監査人設置会社は、置かなければならない」とされ、この2つの会社を総称して「監査役設置会社」と呼びます。

5 労働法

　「労働法」は、そのような名前の法律があるわけではありません。労働基準法、労働組合法、男女雇用機会均等法、最低賃金法など、労働問題に関するたくさんの法律をひとまとめにして労働法と呼んでいます。

（1）労働三法

　特に、「労働基準法」、「労働組合法」、「労働関係調整法」の3つについては、「労働三法」と呼ばれています。

①労働基準法

　労働基準法は、労働条件の最低基準を示したものです。例え労使間での労働契約が結ばれていたとしても、労働基準法に反するものがあれば、その部分については無効となり、かわりに労働基準法が適用されます。

②労働組合法

　労働組合法は雇用者と労働者の立場を対等とすることを示したものです。
　労働組合とは、労働者が主体となって構成された組織のことをいいます。満足ではない労働条件や労働環境における交渉をこの組織体制で行い、改善を求めるということを保障するのが、労働組合法になります。

③労働関係調整法

　労働争議の予防や解決を促し、産業の平和を維持、興隆するといった役割を持っています。雇用者と労働組合との仲裁役が労働委員会ですが、労働委員会が労使間の争議を調整するのも、この労働関係調整法のもとで行っているのです。

（2）労働組合

　労働組合とは、労働者が自分たちの手で労働条件の維持・改善や経済的地位の向上など自分たちの権利を守るために作る団体です。
　労働者が集団となることで、労働者が会社と対等な立場で交渉できるよう、日本国憲法では、労働三権を保障しています。

①労働者が労働組合を結成する権利
②労働者が会社と団体交渉する権利
③労働者が要求実現のために団体で行動する権利

　この権利を具体的に保障するため、労働組合法が定められており、会社は正当な理由がないのに、団体交渉を行うことを拒否してはいけないとされています。
　また、労働組合法は、会社が、労働組合に入らないことを雇用の条件としたり、労働組合の組合員であることなどを理由に解雇や給料の引き下げ、嫌がらせなど不利益な取り扱いをすることなどを不当労働行為として禁止しています。

（3） 労働委員会

　不当労働行為や、ストライキなどの労働争議といった労使（労働者（労働組合）と使用者（会社））の紛争は、労使当事者だけでなく、社会一般にも大きな損失をもたらすこともあるで、その発生をできるだけ防止し、早期に円満解決することが望ましいといえます。

　労使紛争は労使当事者が自主的に解決することが望ましいのですが、実際には労使当事者だけでは解決しないことがあります。そこで、このような労使紛争の解決に当たる公平な第三者機関として、労働委員会が設けられています。

　労働委員会は、公益・労働者・使用者のそれぞれを代表する委員からなる三者構成の委員会であり、各都道府県の機関として都道府県ごとに「都道府県労働委員会」、国の機関としては「中央労働委員会」が設けられています。

（4） 労働協約

　団体交渉によって労働組合と会社の意見が一致し、それを書面にしたものを労働協約といいます。会社が、労働協約に定められた労働条件や労働者の待遇に反する内容の労働契約や会社の規則（就業規則）を定めようとしても、その部分は無効となり、労働協約の基準によることになるので、労働協約によって定められた条件が守られることになります。

Chapter 6

日本で働くための税と制度

1 税金

国民が健康で文化的な生活を送るために、個人ではできないさまざまな仕事を国や都道府県、市区町村で行っています。治安や安全を守る警察や消防署や健康を守る病院などの「公共サービス」や道路や市民病院、ゴミ処理施設、図書館などの「公共施設」を提供するためには、多くの費用が必要になります。その費用を、みんなで出し合って負担しているのが「税金」です。

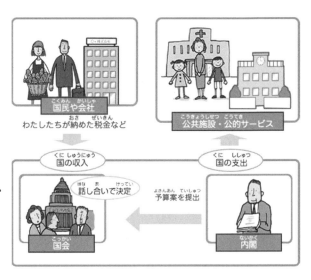

わたしたちが納めた税金など

公共施設・公的サービス

国の収入

国の支出

話し合いで決定

予算案を提出

国会

内閣

1 日本の財政

　国民が健康で豊かな生活を送るためには、国や地方公共団体がさまざまな公共施設や公的サービスを提供していく必要があります。そのために税金などのお金を集めて管理し、必要なお金を支払う活動を財政といいます。

　国の収入・支出は4月から翌年3月までの期間で計算し、この1年間の収入を「歳入」、支出を「歳出」といいます。

　令和5年度の歳入は、当初予算で約114兆円であり、その約61％（69兆4,400億円）は所得税や法人税、消費税などの「租税・印紙収入」、約31％（35兆6,230億円）は「公債金」、つまり国の借金となっています。

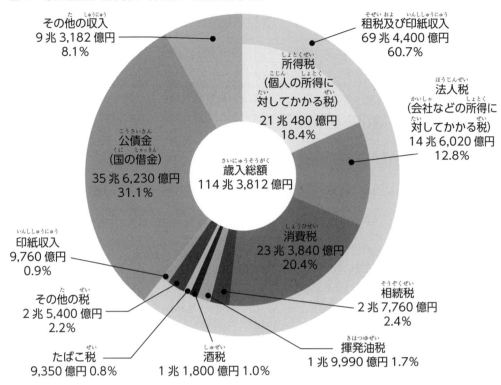

国の一般会計歳入額内訳（令和5年度当初予算）

その他の収入
9兆3,182億円
8.1%

租税及び印紙収入
69兆4,400億円
60.7%

所得税
（個人の所得に
対してかかる税）
21兆480億円
18.4%

法人税
（会社などの所得に
対してかかる税）
14兆6,020億円
12.8%

公債金
（国の借金）
35兆6,230億円
31.1%

歳入総額
114兆3,812億円

印紙収入
9,760億円
0.9%

その他の税
2兆5,400億円
2.2%

たばこ税
9,350億円 0.8%

酒税
1兆1,800億円 1.0%

消費税
23兆3,840億円
20.4%

相続税
2兆7,760億円
2.4%

揮発油税
1兆9,990億円 1.7%

出典：国税庁ホームページ

【主な歳入】

①所得税
　　個人の所得に対してかかる税金

②法人税
　　会社の所得に対してかかる税金

③消費税
　　商品・製品の販売やサービスの提供などの取引に対してかかる税金

④揮発油税
　　ガソリンに対してかかる税金

⑤相続税
　　財産を相続したときの税金

⑥公債金
　税収が不足したときに国債を発行して借りたお金（国の借金）

　令和5年度の歳出は当初予算で約114兆円です。歳出総額から国債費、交付金などを除いたものを「一般歳出」といい、社会保障関係費、公共事業関係費、文教及び科学振興費などで歳出総額の約64%を占めています。

国の一般会計歳出額内訳（令和5年度当初予算）

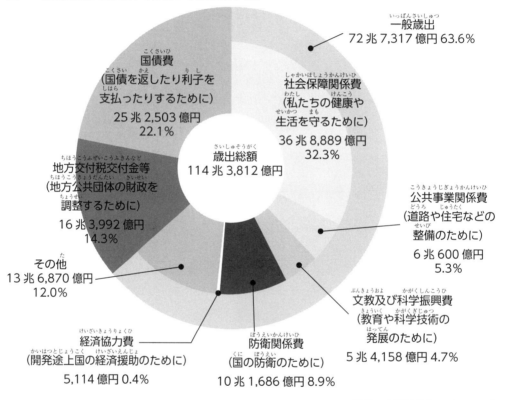

一般歳出
72兆7,317億円 63.6%

社会保障関係費
（私たちの健康や
生活を守るために）
36兆8,889億円
32.3%

国債費
（国債を返したり利子を
支払ったりするために）
25兆2,503億円
22.1%

地方交付税交付金等
（地方公共団体の財政を
調整するために）
16兆3,992億円
14.3%

その他
13兆6,870億円
12.0%

歳出総額
114兆3,812億円

公共事業関係費
（道路や住宅などの
整備のために）
6兆600億円
5.3%

文教及び科学振興費
（教育や科学技術の
発展のために）
5兆4,158億円 4.7%

経済協力費
（開発途上国の経済援助のために）
5,114億円 0.4%

防衛関係費
（国の防衛のために）
10兆1,686億円 8.9%

出典：国税庁ホームページ

【おもな歳出】
①社会保障関連費
　私たちが安心して生活していくために必要な「医療」、「年金」、「福祉」、「介護」、「生活保護」などの公的サービスに関係する費用

②公共事業関係費
　道路や港湾、住宅や下水道、公園、河川の堤防やダムなど、社会経済活動や

国民生活、国土保全の基盤となる施設の整備に関係する費用

③文教及び科学振興費

　　教育や科学技術の発展のために使われる費用

（教科書の配付や国公立大学法人・私立学校の援助や公立の小中学校の教職員の給与、宇宙開発・海洋開発の科学技術の振興などに使われます）

④地方交付税交付金

　　地方公共団体（都道府県や市区町村）の財政力の違いを調整し、公的サービスに格差が生じないようにするための費用

⑤経済協力費

　　開発途上国の経済的・社会的開発、あるいは福祉の向上に貢献することを目的とし、贈与や技術協力など直接的な援助をすることや、国際機関へ資金を提供するための費用

⑥国債費

　　国債を返したり利子を支払ったりするための費用（国の借金の返済）

2　日本の税の仕組み

　日本の税金にはさまざまな種類があります。ここでは３つの観点により分類します。

①税金を納める場所

　税金を納める場所として、国税と地方税（都道府県や市町村）の２種類があります。地方税はさらに道府県税と市町村税の２種類に分けられます。

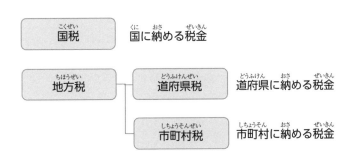

国税	国に納める税金
地方税 → 道府県税	道府県に納める税金
→ 市町村税	市町村に納める税金

②税金の納め方

　税金の納め方として、税金を負担する人と納める人が同じ「直接税」と税金を負担する人と納める人が違う「間接税」の2種類に分けられます。

| 直接税 | 税金を負担する人と納める人が同じもの（例：所得税、都道府県民税など） |

| 間接税 | 税金を負担する人と納める人が違うもの（例：消費税、たばこ税、酒税など） |

③課税される種類

　課税される種類として、給与や会社などに課税される「所得課税」と物品の消費やサービスの提供などに課税される「消費課税」、所有する資産に課税される「資産課税」の3種類に分けられます。

| 所得課税 | 給与や会社の利益などに課税される税金 |

| 消費課税 | 物品の消費やサービスの提供などに課税される税金 |

| 資産課税 | 資産に課税される税金 |

④税金の種類

　税金の種類は、約50種類あります。ここでは、代表的なものを前項で説明した3つの区分で右ページの表にまとめました。

所得課税（しょとくかぜい）　消費課税（しょうひかぜい）　資産課税（しさんかぜい）

	直接税（ちょくせつぜい）		間接税（かんせつぜい）	
国税（こくぜい）	所得税（しょとくぜい）	法人税（ほうじんぜい）	消費税（しょうひぜい）	酒税（しゅぜい）
	地方法人特別税（ちほうほうじんとくべつぜい）	復興特別所得税（ふっこうとくべつしょとくぜい）	揮発油税（きはつゆぜい）	地方揮発油税（ちほうきはつゆぜい）
	復興特別法人税（ふっこうとくべつほうじんぜい）	地方法人税（ちほうほうじんぜい）	たばこ税（ぜい）	航空機燃料税（こうくうきねんりょうぜい）
	相続税（そうぞくぜい）	贈与税（ぞうよぜい）	関税（かんぜい）	自動車重量税（じどうしゃじゅうりょうぜい）
			国際観光旅客税（こくさいかんこうりょかくぜい）	
			印紙税（いんしぜい）	登録免許税（とうろくめんきょぜい）
地方税（ちほうぜい）　道府県税（どうふけんぜい）	道府県民税（どうふけんみんぜい）	事業税（じぎょうぜい）	地方消費税（ちほうしょうひぜい）	道府県たばこ税（どうふけんたばこぜい）
	自動車税（じどうしゃぜい）	狩猟税（しゅりょうぜい）	ゴルフ場利用税（じょうりようぜい）	軽油引取税（けいゆひきとりぜい）
	固定資産税（こていしさんぜい）	不動産取得税（ふどうさんしゅとくぜい）		
地方税　市町村税（しちょうそんぜい）	市町村民税（しちょうそんみんぜい）	軽自動車税（けいじどうしゃぜい）	市町村たばこ税（しちょうそんたばこぜい）	入湯税（にゅうとうぜい）
	固定資産税（こていしさんぜい）	事業所税（じぎょうしょぜい）		

3 所得税（しょとくぜい）

　個人（こじん）の所得（しょとく）にかかる税金（ぜいきん）のことを「所得税（しょとくぜい）」といい、会社（かいしゃ）で給料（きゅうりょう）をもらっている人（ひと）や自分（じぶん）で商売（しょうばい）をして利益（りえき）を得（え）ている人（ひと）が払（はら）わなければいけない税金（ぜいきん）です。

　税率（ぜいりつ）は、所得（しょとく）が多（おお）くなるほど段階的（だんかいてき）に高（たか）くなる累進税率（るいしんぜいりつ）となっており、支払（しはら）い能力（のうりょく）に応（おう）じて公平（こうへい）に税（ぜい）を負担（ふたん）するしくみになっています。会社（かいしゃ）に勤（つと）めている人（ひと）と自分（じぶん）で商売（しょうばい）をしている人（ひと）では、納税方法（のうぜいほうほう）が異（こと）なります。また、外国人（がいこくじん）の場合（ばあい）は、どれだけ日本（にほん）にいるかによって所得税（しょとくぜい）の計算方法（けいさんほうほう）が変（か）わります。

【ポイント】
1．個人の所得に対してかかる税金で、所得が多くなるほど税率が高くなる
2．会社員と自分で商売をしている人で支払方法が変わる
3．外国人の場合は、日本に住んでいる期間により計算方法が変わる

（1）居住者と非居住者

　外国人が日本で支払う税金を計算する場合に日本に滞在している期間により、所得税の課税対象となる所得（得たお金）の種類が変わります。日本で働く外国人の所得の分類は3つに分けられます。

【所得の分類】
・国内所得……日本国内で得たお金
・海外所得……海外で得たお金
・国内への送金……海外から日本国内に送金されたお金

【外国人の区分と課税の範囲】

		条件	課税対象となる所得
居住者	永住者	過去10年間に日本に5年を超えて住んでいた場合	すべての国内所得と海外所得に課税
	非永住者	過去10年間に日本で住んでいた期間が5年以下の場合	すべての国内所得と、海外所得のうち日本国内で支払われたものまたは海外から日本へ送金されたものに課税
非居住者		日本の滞在期間が1年未満の場合	国内所得のみに課税

（2）所得税の控除

　「控除」とは、「差し引く」という意味です。その年の所得税を計算する際に、さまざまな条件によって所得税を差し引くことを「控除」といいます。家族構成や個人的事情の違いなどから税金を負担する力の違いを考慮して税負担を軽くする

役割を果たしています。所得税は「控除」を利用することで、支払い金額を減らすことができます。所得税の控除は大きく分けて「所得控除」と「税額控除」の2種類に分けられ、さまざまな要件により税負担を軽くしています。

【2種類の控除】

$$所得税額＝（所得金額－所得控除）×所得税率－税額控除$$

所得税額は上記の式で計算されます。下記の控除はそれぞれ税率をかける前後に差し引かれることとなります。

①所得控除

所得控除とは、所得税の課税にあたって、収入からあらかじめ一定の金額を控除することをいいます。病気や子供の有無など、納税者の事情に合わせて、税金を負担する能力の差を調整し、すべての人の生活レベルを一定水準以上にすることが、所得控除の目的です。

②税額控除

税額控除とは、収入から所得控除をした金額に税率を掛けて算出された税額から、さらに一定額を差し引くことができる控除を指します。住宅を購入した場合の住宅ローンの負担低減や外国で収入が発生した場合に、外国と日本で二重に税金を払うことを避ける控除など、税額控除の種類はいろいろあります。

③主な所得税の控除

所得控除	税額控除
基礎控除、配偶者控除、配偶者特別控除 扶養控除、医療費控除、雑損所得 社会保険料控除、生命保険料控除 地震保険料控除、小規模企業共済等掛金 控除、寄附金控除、障害者控除 寡婦（寡夫）控除、勤労学生控除	配当控除、外国税額控除、（特定増改築等） 住宅借入金等特別控除、住宅耐震改修特 別控除、住宅特定改修特別税額控除、 認定NPO法人等寄附金特別控除、 公益社団法人等寄附金特別控除、認定住 宅新築等特別税額控除　など

【主な所得控除の説明】

1．基礎控除

　　基礎控除は、所得金額が2,500万円以下の人に適用されます。

　　・2,400万円以下：48万円

　　・2,400万円超、2,450万円以下：32万円

　　・2,450万円超、2,500万円以下：16万円

　　・2,500万円超は対象外

2．社会保険料控除

　　健康保険料、国民健康保険料、後期高齢者医療保険料、介護保険料、国民年金保険料、国民年金基金の掛金、厚生年金保険料などを支払った場合に適用される控除です。

3．医療費控除

　　一定額以上の医療費を支払った場合に適用され、本人だけではなく、その家族で生活資金を共にしている配偶者その他の家族も含まれます。

4．配偶者控除

　　配偶者控除は、配偶者（婚姻関係にある相手方）の合計所得が48万円以下の場合に適用される控除です。

5．配偶者特別控除

　　納税者の合計所得が1,000万円以下で、配偶者の合計所得が48万円以上133万円未満である場合に適用される控除です。

6．扶養控除

　　16歳以上の子供や両親などを扶養している場合に適用される控除です。

7．障害者控除

　　納税者や控除対象配偶者、扶養親族が障害者である場合に適用される控除です。

8．地震保険料控除

　　地震保険料を支払った場合に適用される控除です。

9．生命保険料控除

　　生命保険や介護医療保険、個人年金保険で、支払った保険料がある場合に適用される控除です。

10. 雑損控除

　災害または盗難もしくは横領によって「雑損控除の対象になる資産の要件」にあてはまる資産について損害を受けた場合などに、一定の金額の所得控除を受けることができます。

11. 寄附金控除

　納税者が国や地方公共団体、特定公益増進法人などに対し、「特定寄附金」をした場合に適用される控除です。ふるさと納税もこれに該当します。

【主な税額控除の説明】

1. 配当控除

　国内株式の配当などの所得があるときに、一定の方法で計算した金額の税額控除を受けることができます。

2. 住宅借入金等特別控除

　住宅ローンを活用して、新たに住宅を取得・新築・増築した人に対して適用されます。

3. 外国税額控除

　海外所得に所得税がかかる外国人（居住者）は、母国と日本の両方に税金を支払わなければいけないという「二重納税」の問題があります。この二重納税を防ぐため、国同士が締結しているのが「租税条約」です。ただし、日本と租税条約を結んでいない国出身の外国人は二重納税をする必要があります。また、租税条約を結んでいても、締結国によって外国税額控除の範囲などが異なるケースもあるので注意が必要です。

租税条約締結国：財務省ホームページ

（3）所得税の税率

①所得税の税率

　所得税の税率は、一部の退職所得や配当所得など（分離課税）に対するものなどを除くと、5％から45％の7段階に区分されています。

課税される所得金額とは、[所得] − [所得控除] です。

〔所得税の税率〕

課税される所得金額	税率	控除額
1,000円から1,949,000円まで	5%	0円
1,950,000円から3,299,000円まで	10%	97,500円
3,300,000円から6,949,000円まで	20%	427,500円
6,950,000円から8,999,000円まで	23%	636,000円
9,000,000円から17,999,000円まで	33%	1,536,000円
18,000,000円から39,999,000円まで	40%	2,796,000円
40,000,000円以上	45%	4,796,000円

※ただし、2013年1月1日から2037年12月31日までの間に生じる所得については、東日本大震災からの復興を目的として復興特別所得税が所得税額の2.1%付加されます。

②非居住者の税率

　外国人労働者が非居住者の場合、給与所得の税率20.42%の源泉分離課税によって納税します。非居住者の場合、課税対象となる所得は、日本国内で生じた所得のみとなります。ただし、居住者と異なり所得控除について「雑損控除」、「寄付金控除」、「基礎控除」の3つしか適用されません。扶養控除も適用対象外となります。

（4）会社員の所得税計算

　会社員の所得税計算をする際に、前項で説明した所得控除のほかに、「給与所得控除」があります。自分で商売をしている人の所得は、収入金額（売上・年商）から光熱費や必要経費額を引いた金額が所得金額となりますが、会社員の場合は、必要経費についてはどこまでが必要経費に該当するのかの線引きが難しくなり、給与を得るために支出したとする経費を正しく算出することができ

ません。そのため、業務にかかる経費を考慮して「給与所得控除」が認められています。

① 給与所得控除の計算の仕方

　給与等の収入金額から給与控除額を算出することができます。給与等の収入金額とは、給与や賞与の1年間（1月〜12月）の総額（通勤手当は含まない）です。

〔給与所得控除額の算式〕

給与等の収入金額	給与所得控除額
162万5,000円以下の場合	550,000円
162万5,000円を超え180万円以下の場合	収入金額×40% − 100,000円
180万円を超え360万円以下の場合	収入金額×30% + 80,000円
360万円を超え660万円以下の場合	収入金額×20% + 440,000円
660万円を超え850万円以下の場合	収入金額×10% + 1,100,000円
850万円を超える場合	1,950,000円

　例えば、給与等の収入金額が500万円であれば

　500万円（収入金額）×20% + 44万円 = 144万円

となるので給与控除額は144万円となります。

② 課税される所得金額の計算の仕方

　課税対象となる所得金額は、所得金額から所得控除を引いた金額となります。例えば、所得控除が基礎控除と社会保険料控除、給与所得控除のみの場合は以下の式となります。

> 課税される所得金額 = 所得金額 − 基礎控除 − 社会保険料控除 − 給与所得控除

所得金額・・・給与や賞与の1年間（1月〜12月）の総額（通勤手当は含まない）

基礎控除額・・・年収2,400万円以下であれば、48万円

社会保険控除・・・1年間（1月〜12月）に支払った健康保険料、国民健康保険料、

後期高齢者医療保険料、介護保険料、国民年金保険料、国民年金基金の掛金、厚生年金保険料

給与所得控除・・・所得金額から前項の計算式で算出する

課税される所得金額は給与等の収入金額が500万円であれば

5,000,000円（所得金額）－480,000円（基礎控除）－737,500円（社会保険料控除）－1,440,000円（給与所得控除）＝2,342,500円

となるので課税される所得金額は2,342,500円となります。（東京都・一般事業・40歳未満の場合）

③表を利用した計算

課税される所得金額（1,000円未満の端数金額を切り捨てた後の金額）に対する所得税の金額は、次の表を使用すると簡単に求められます。

〔所得税の税率〕

課税される所得金額	税率	控除額
1,000円から1,949,000円まで	5％	0円
1,950,000円から3,299,000円まで	10％	97,500円
3,300,000円から6,949,000円まで	20％	427,500円
6,950,000円から8,999,000円まで	23％	636,000円
9,000,000円から17,999,000円まで	33％	1,536,000円
18,000,000円から39,999,000円まで	40％	2,796,000円
40,000,000円以上	45％	4,796,000円

上記で計算した課税される所得金額の2,342,500円であれば、表を見ると税率は10％となるので、

2,340,000円（課税される所得金額：1,000円未満切り捨て）×10％（税率）－97,500（控除額）＝136,500円

所得税の金額は、136,500円となります。

4 住民税

　都道府県民税と市町村民税は合わせて「住民税」と呼ばれており、住んでいる都道府県や市区町村に納める税金です。「住民税」も所得税と同じように、会社に勤めている人と、自分で商売をしている人で、納税方法が異なります。

　外国人の場合は、その年の1月1日の時点で日本に住んでいるか、1年以上住む予定で入国する場合に納める必要があります。また、住民税と所得税の大きな違いとして、1年遅れで税金の支払いを行うことです。つまり、昨年の住民税を今年払うことになります。1年未満の滞在者である非居住者の外国人労働者は、日本に居住していないので原則として住民税は非課税です。ただし、日本に住んでいない非居住者でも日本国内に事務所か家屋を所有している場合は、住民税のうち「均等割」の部分についてのみ納税の対象となるので注意しましょう。

【ポイント】
1．住んでいる都道府県、市区町村に納める税金です。
2．道府県民税も市町村民税も一括して市区町村に納めます。
3．外国人については、居住者は納税の義務があるため必ず支払わないといけない。
4．支払うタイミングが1年遅れとなる。

（1）住民税の計算方法

　住民税には、「所得割額」と「均等割額」の2種類があります。「所得割額」とは、個人の所得に応じて納税額が決まる部分のことです。一方、「均等割額」は所得にかかわらず一律に課税されますが、こちらは自治体によって金額が少しずつ異なります。

①住民税の税額

　次のページの表は、2019年度の住民税の標準税率です。標準税率とは、住民税の税額が自治体によって大きく変動しないように、全国で統一されている住民税の税率のことです。

　各地方自治体の判断により、財政上必要と認められた場合は所得割額の税率や均等割額の税額を変更することができます。

	所得割額	均等割額
市町村民税	6 %	3,000円
道府県民税	4 %	1,000円

※均等割額は2023年度まで500円ずつ計1,000円アップする。

②住民税の計算方法

　市町村民税と道府県民税はまとめて住んでいる市区町村に納付します。所得割額は、税率が10%であれば下記の計算式により算出します。所得割額に均等割額を足した金額が支払う住民税の額となります。

$$所得割額 = （所得金額 - 所得控除）× 10\%$$

　所得控除される項目は、基本的に所得税と同じですが、住民税において認められている所得控除は、一部（医療費控除や雑損控除など）を除き所得税のものよりも控除額が低く設定されています。

（2）住民税の支払い方法

　住民税の支払い方法は普通徴収と特別徴収があります。会社員であれば通常一部を除き「特別徴収」となり会社が個人に代わり納付することとなります。「普通徴収」は、給与所得以外の個人事業主、退職して次の就職先が決まっていない人、転職先は決まっているが申請手続き中の人、特別徴収から普通徴収への切り替えが認められた人などで個人が支払うこととなります。

【特別徴収の例外】

■会社

・総従業員数が2名以下である場合

・常時2名以下の家事使用人のみに給与を支払っている場合

■従業員

・他の会社で特別徴収をしている場合

・5月31日までに退職する予定がある場合

・給与が毎月支払われていない場合

・給与が少ないため特別徴収できない場合

①特別徴収の支払い手続き

1. 住民税の計算期間は前年の1月1日から12月31日の所得金額です。会社から、従業員に支払った給与額を翌年1月に市区町村へ報告します。

2. 市区町村は税額の計算をします。

3. 5月に市区町村が会社へ税額を通知します。

4. 会社が6月から翌年5月まで従業員へ支払う各月の給与から住民税を控除（特別徴収）します。

5. 会社が市区町村へ住民税を納付します。

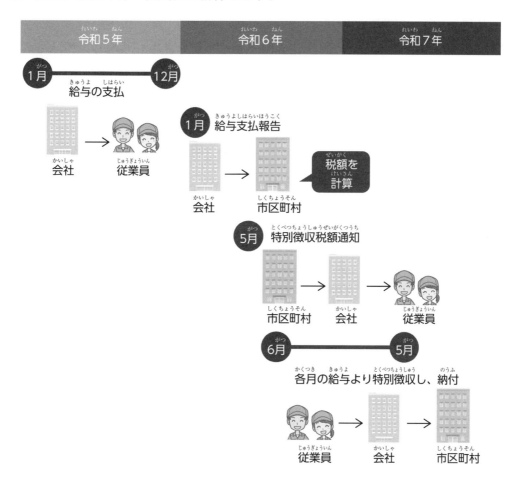

②普通徴収の支払い手続き

1. 前年の1月1日から12月31日の所得金額の納税手続きである確定申告を翌年3月までに行います。

２．市区町村は税額の計算をします。

３．６月に市区町村から納税通知書が個人事業主あてに郵送されます。

４．１年分を一括で支払うか、６月・８月・10月・翌年１月の４回に分割して住民税を納めるか選択することができます。それぞれの納付書を用いて個人事業主が各時期に納付します。

（３）退職する場合の住民税の支払い

①退職する場合の注意点

退職する場合の住民税の支払いは、退職した月によって支払い方が変わります。

■１月から５月に退職する場合

最後の給与から５月までの残りの金額を一括で退職する会社から天引きされ、市区町村に支払いをするので改めて手続きの必要はありません。

■６月から12月までに退職する場合

２つの方法があります。

Ⅰ．最後の給与から５月までの残りの金額を一括で退職する会社から天引きしてもらい市区町村に支払いをしてもらう。

Ⅱ．「給与所得者異動届」を住んでいる市区町村に提出して、自分で分割、または一括して支払う。

②転職をする場合の注意点

転職をする場合は、次の会社で特別徴収を継続することができます。「給与支払報告・特別徴収に係る給与所得者異動届出書」（名称は自治体により異なります）の必要事項を退職前の会社で記入してもらい、その届出書を新しい勤務先に送付した上で、転職先の会社で「転勤（転職）等による特別徴収届出書」の欄に記入して市区町村に提出することが必要です。引継の場合は何月までを前職の会社、何月以降は次の会社、といった点について間違いがないように気をつけましょう。

③帰国する場合の支払い方法

１年以上居住していた外国人がその年の途中で帰国する場合には、前年度の住民税を払わなくてはいけません。下記の２つの方法で支払う必要があります。

１．日本を出国する前に前年1年分の住民税を一括で納付する

２．納税管理人を決めて、帰国した後に納税管理人から支払う

【納税管理人とは】

　非居住者となった外国人の申告書の提出や納税を本人に代わってする人のことをいいます。税理士などが納税管理人となる場合が多いですが、選任された人は、納税者の申告書の提出・納税だけでなく、税務署などが発送する書類の受け取りや還付金（返却される税金や年金など）などの受け取りなども行います。

5 源泉徴収と年末調整

（1）源泉徴収

　源泉徴収とは、給与や報酬を支払う事業者（企業や団体など）が、従業員への給与や特定の支払いからあらかじめ所得税と復興特別所得税を差し引くことをいいます。差し引かれた分の所得税や復興特別所得税は、事業者から税務署に納付する仕組みとなっています。事業者が源泉徴収を行うことで、従業員は確定申告（1年間の所得を自分で計算・申告し、納税するまでの一連の作業）をする必要がなく、毎月の給与から所得税を納めることができます。また、国にとっても「安定的な税収を得る」「確実に所得税を徴収する」という意味で、源泉徴収は大きなメリットがあります。

①源泉徴収の対象

　　給与

　　賞与

　　退職金

②給与の源泉徴収額

　給与から毎月天引きされる源泉徴収額は、国税庁の定める「給与所得の源泉徴収税額表（月額表および日額表）」を利用して、給与所得や扶養親族の数などに応じた額を算出します。

　「給与所得の源泉徴収税額表」で調べる際には、給与の総額から社会保険料などを控除した「課税される所得金額」を求める必要があります。課税される所得金額は、次のページの式で算出することができます。

課税される所得金額＝給与の総額－社会保険料（厚生年金＋健康保険）
－雇用保険料－非課税通勤費

【給与所得の源泉徴収税額表（月額表および日額表）一部のみ掲載】

その月の社会保険料等控除後の給与等の金額		甲								乙
		扶養親族等の数								
		0人	1人	2人	3人	4人	5人	6人	7人	
以上	未満	税額								税額
円	円	円	円	円	円	円	円	円	円	円
251,000	254,000	6,640	5,020	3,410	1,790	170	0	0	0	37,500
254,000	257,000	6,750	5,140	3,510	1,900	290	0	0	0	38,500
257,000	260,000	6,850	5,240	3,620	2,000	390	0	0	0	39,400
260,000	263,000	6,960	5,350	3,730	2,110	500	0	0	0	40,400
263,000	266,000	7,070	5,450	3,840	2,220	600	0	0	0	41,500
266,000	269,000	7,180	5,560	3,940	2,330	710	0	0	0	42,500
269,000	272,000	7,280	5,670	4,050	2,430	820	0	0	0	43,500
272,000	275,000	7,390	5,780	4,160	2,540	930	0	0	0	44,500
275,000	278,000	7,490	5,880	4,270	2,640	1,030	0	0	0	45,500
278,000	281,000	7,610	5,990	4,370	2,760	1,140	0	0	0	46,600
281,000	284,000	7,710	6,100	4,480	2,860	1,250	0	0	0	47,600
284,000	287,000	7,820	6,210	4,580	2,970	1,360	0	0	0	48,600

「その月の社会保険料等を控除後の給与等の金額」の欄に前項の式で算出した

「課税される所得金額」をあてはめて、扶養親族の数を選びます。扶養親族の数が多ければ多いほど所得税は少なくなります。会社を掛け持ちして働いている人は、扶養控除などの申請書を提出しているメインとなる企業は「甲」で算出し、他の企業は乙で算出します。

例）課税される所得金額が262,000円で扶養親族の数が0人であれば、6,960円が源泉徴収額（月額）となります。

（2）年末調整

　年末調整とは、給与から天引きされている所得税の過不足を計算して調整する手続きです。会社員であれば、毎年11月から12月にかけて行われ、通常12月の給与支払い時に精算が完了します。毎月給与から天引きされている所得税はあくまでも概算で、所得控除が反映されていません。年末調整で正しい所得税額を算出し、納税額が足りない人からは追加徴収、支払い過ぎている人には還付（返金）します。

①手続きの方法

　会社から毎年11月頃に以下3つの書類が配布され、記入後に会社に返却します。
・給与所得者の扶養控除等（移動）申請書
・給与所得者の保険料控除申請書
・給与所得者の基礎控除申告書兼給与所得者の配偶者控除等申告書兼所得金額調整控除申告書

②給与所得者の扶養控除等（移動）申請書

　給与の支払を受ける人（給与所得者）が、その給与について扶養控除などの諸控除を受けるために行う手続です。なお、「給与所得者の扶養控除等（異動）申告書」は、個人住民税の「給与所得者の扶養親族申告書」と統合した様式となっています。

【提出時期】

　その年の最初に給与の支払を受ける日の前日（中途就職の場合には、就職後最初の給与の支払を受ける日の前日）までに提出する必要があります。
　なお、当初提出した申告書の記載内容に異動があった場合には、その異動の日後、

最初に給与の支払を受ける日の前日までに異動の内容などを記載した申告書を提出する必要があります。

　また、非居住者である親族に係る扶養控除または障害者控除の適用を受ける場合には、その年最後に給与の支払を受ける日の前日までに、その親族と生計を一にする事実を記載した上で提出する必要があります。

【添付書類・部数】

1　勤労学生控除を受ける場合には、勤労学生に該当する旨を証する書類　1部

2　源泉徴収において非居住者である親族に係る扶養控除、障害者控除または源泉控除対象配偶者の控除の適用を受ける場合には、その親族に係る親族関係書類　1部

3　年末調整において、非居住者である親族に係る扶養控除または障害者控除の適用を受ける場合には、その親族に係る送金関係書類　1部

94

③給与所得者の保険料控除申請書

「給与所得者の保険料控除申告書」については、提出義務はありません。

下記の保険などに加入している人のみ提出することで控除が受けられます。

・一般生命保険

・介護医療保険

・個人年金保険（「個人年金保険料税制適格特約」がついている場合のみ対象）

・地震保険

・iDeCo（個人型確定拠出年金）

上記の保険などに加入している場合は加入している保険の「控除証明書」や「掛金支払証明書」を見ながら黄色枠のそれぞれの欄に記入します。

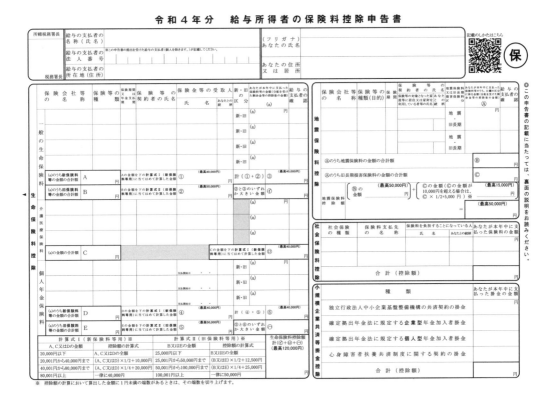

令和４年分　給与所得者の保険料控除申告書

給与所得者の基礎控除、配偶者（特別）控除及び所得金額調整控除の申告書

給与の支払を受ける人（給与所得者）が、その年の年末調整において基礎控除、配偶者（特別）控除、及び所得金額調整控除を受けるために行う手続です。

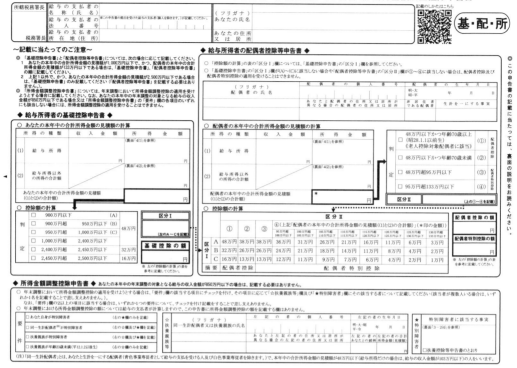

令和4年分　給与所得者の基礎控除申告書 兼 給与所得者の配偶者控除等申告書 兼 所得金額調整控除申告書

（3）源泉徴収票

　源泉徴収票とは、「1年間いくら給料を支払って、いくら税金を徴収したか」が記載された用紙のことです。源泉徴収票は従業員ごとに作成されますが、タイミングは主に次の2つです。

1．従業員が退職するとき

　従業員が退職したときに、1月1日から退職時点までの給与に基づいた源泉徴収票を事業者は退職者に対して発行します。

2．年末調整が完了したとき

　毎年、年末調整の計算完了後に、事業者は従業員に対して源泉徴収票を発行します。

　源泉徴収票が必要になるタイミングは、

1．転職するとき

　転職先の会社では、前職の会社の源泉徴収の内容と、転職先での源泉徴収の内容を合計して年末調整を行います。そのため、転職時には前職の源泉徴収票の提出を

求められます。

２．確定申告のとき

　会社員の場合、基本的に年末調整があるため確定申告はしませんが、副業をして
いる人など、確定申告が必要な人もいます。

３．ライフイベント（住宅ローンを組む、扶養親族になるときなど）

　家やマンションを購入する時にローンを組む場合や、結婚して扶養に入る場合に
源泉徴収票が必要になります。

【源泉徴収票の見かた】

①支払金額…給与・賞与などの１年間の収入金額の合計額

②給与所得控除後の金額…給与所得の金額（①−給与所得控除額）

③所得控除の額の合計額…社会保険料・配偶者控除などの合計

④源泉徴収税額…１年間に源泉徴収された所得税・復興特別所得税の額

⑤配偶者控除の額…配偶者（特別）控除される額

⑥扶養親族の人数…扶養控除対象の人数

⑦社会保険料控除…年金、健康保険、雇用保険の支払額

⑧生命保険料控除…生命保険や介護医療保険、個人年金保険で、支払った保険料

⑨摘要欄…前職がある場合には、前の会社が支払った給与などの金額、源泉税額、
社会保険料などが記載される

令和　　年分　　給与所得の源泉徴収票

支払を受ける者	住所又は居所		(受給者番号)							
			(個人番号)							
			(役職名)							
			氏名	(フリガナ)						

種別	支払金額	給与所得控除後の金額 （調整控除後）	所得控除の額の合計額	源泉徴収税額
	内　　①　千　　円	②　千　　円	③　千　　円	内　　④　円

(源泉)控除対象配偶者の有無等		配偶者(特別)控除の額	控除対象扶養親族の数 （配偶者を除く。）						16歳未満扶養親族の数	障害者の数 （本人を除く。）		非居住者である親族の数
			特定		老人		その他			特別	その他	
有	従有	老人		⑤　千　　円	人	従人	内　⑥	人	従人	人	従人	人	人	内　　人	人	人	人

社会保険料等の金額	生命保険料の控除額	地震保険料の控除額	住宅借入金等特別控除の額
内　　⑦　円	⑧　千　　円	千　　円	千　　円

(摘要)

⑨

生命保険料の金額の内訳	新生命保険料の金額	円	旧生命保険料の金額	円	介護医療保険料の金額	円	新個人年金保険料の金額	円	旧個人年金保険料の金額	円

住宅借入金等特別控除の額の内訳	住宅借入金等特別控除適用数		居住開始年月日(1回目)	年　　月		住宅借入金等特別控除区分(1回目)		住宅借入金等年末残高(1回目)	円
	住宅借入金等特別控除可能額	円	居住開始年月日(2回目)	年　　月　　日		住宅借入金等特別控除区分(2回目)		住宅借入金等年末残高(2回目)	円

(源泉・特別)控除対象配偶者	(フリガナ)		区分	配偶者の合計所得	円	国民年金保険料等の金額	円	旧長期損害保険料の金額	円
	氏名								
	個人番号					基礎控除の額	円	所得金額調整控除額	円

控除対象扶養親族	1	(フリガナ)		区分	16歳未満の扶養親族	1	(フリガナ)		区分	(備考)
		氏名					氏名			
		個人番号								
	2	(フリガナ)		区分		2	(フリガナ)		区分	
		氏名					氏名			
		個人番号								
	3	(フリガナ)		区分		3	(フリガナ)		区分	
		氏名					氏名			
		個人番号								
	4	(フリガナ)		区分		4	(フリガナ)		区分	
		氏名					氏名			
		個人番号								

未成年者	外国人	死亡退職	災害者	乙欄	本人が障害者		寡婦	ひとり親	勤労学生	中途就・退職					受給者生年月日			
					特別	その他				就職	退職	年	月	日	元号	年	月	日

(税務署提出用)	支払者	個人番号又は法人番号		(右詰で記載してください。)
		住所(居所)又は所在地		
		氏名又は名称		(電話)

整理欄			

375

6 確定申告

　確定申告とは、毎年1月1日から12月31日までの1年間の所得にかかる税金額を計算し、申告期限までに税務署に確定申告書や必要書類を提出して、納税する手続きのことです。ただし、会社員などのいわゆる給与所得者は前項で説明した年末調整を会社が行っているので、基本的には確定申告を行う必要はありません。

（1）確定申告の対象者

①自営業者やフリーランスなどの個人事業主
②不動産収入や株取引などでの所得がある人
③会社員で給与以外の副収入が20万円を超える人
④給与収入が2,000万円を超えている人

（2）提出書類と確定申告の流れ

　確定申告の方法には、青色申告と白色申告があります。青色申告は、2種類あり、それぞれ控除額が違います。65万円の控除をうけるためには複式簿記で帳簿をつけることが義務づけられていることが特徴です。日々の取引の記録をもとに、「仕訳帳」と「総勘定元帳」を作成しておきます。白色申告は簡易帳簿でよいとされ、帳簿つけが簡単です。

	白色申告	青色申告（2種類ある）
事前申請	なし	必要
簿記	単式簿記	単式簿記または複式簿記
特別控除額	なし	10万円または65万円
メリット	・事前申請は必要ない ・帳簿づけが簡単	・赤字が繰り越せる（3年間） ・家族への給与が経費にできる ・30万円未満の固定資産が全額経費になる

	白色申告 （しろいろしんこく）	青色申告（2種類ある） （あおいろしんこく）（しゅるい）
デメリット	青色申告に適用される特典なし （あおいろしんこく）（てきよう）（とくてん）	・事前申請が必要 （じぜんしんせい）（ひつよう） ・帳簿づけが面倒 （ちょうぼ）（めんどう） ・確定申告の提出書類が多い （かくていしんこく）（ていしゅつしょるい）（おお）

①提出書類
・確定申告書
・各種控除関係の書類
・源泉徴収票（給与所得などがあった場合）
・収支内訳書（白色申告）、または青色申告決算書（青色申告）

【収支内訳書】
　一年間の収入、原価、人件費、家賃やその他の費用を記載し、その年の事業に対しての所得金額（利益）を計算する用紙です。

【青色申告決算書】
　青色申告決算書の用紙は全4ページからなり、1ページから3ページ目は損益計算書及び関連項目、4ページ目が貸借対照表という構成です。

　1枚目の損益計算書は、1年間の事業の収益や費用の状態を表したもので、2、3ページ目には損益に関連した詳細な内容を記入します。

　また、4ページ目の貸借対照表は、事業の資産、負債、資本によって経営状態を表すことを目的として作成するものです。

②確定申告の流れ
　個人事業の会計期間は1月1日から12月31日と決まっています。1年分の会計結果をまとめて、翌年の2月16日から3月15日（土日と重なる場合は、日程が変わります）の期間中に申告をすることになります。

1．日々の業務（帳簿づけなど）
　白色申告の場合は、単式簿記（家計簿やお小遣い帳のようなシンプルな記録方法です）により帳簿をつけます。青色申告（65万円控除）の場合は複式簿記（取引を複数の科目で記載する方法です）により帳簿をつけます。

２．確定申告書の作成

確定申告書の作成は、主に３つの方法があります。

・手書きで確定申告書類に記入（国税庁のホームページからダウンロードできます）

・国税庁の確定申告書作成コーナーを利用（オンライン上の作成サービスです）

・確定申告ソフトを利用

３．確定申告書の提出

確定申告書は３つの方法で提出することができます。

・税務署窓口で提出

・税務署に郵送で提出

・e-Tax で提出（オンライン上で提出が可能。事前準備が必要）

４．税金の納付または還付

所得税の納付が必要なときは、金融機関などの窓口での支払い、もしくは銀行口座から引き落としになります。確定申告の期限と同日の３月15日が期限です。所得税の還付は、確定申告提出後の１か月から１か月半後に銀行口座に入金されます。

（３）帰国の際に必要な確定申告

①給与所得のみを有する場合

勤務先において年末調整と同じ方法により源泉徴収された所得税及び復興特別所得税の額を精算してもらいます。

②給与所得以外の所得を有する場合（申告義務がある場合）

A．納税管理人を定める方法

税務署長に「所得税の納税管理人の届出書」を提出します。

納税管理人は、申告期限までに確定申告を行います。

B．納税管理人を定めない方法

自ら出国前までに生じたすべての所得について確定申告を行います（準確定申告）。

【ポイント】

厚生年金の脱退一時金はその支給の際に、20.42％の税金が源泉徴収されますが、後日、確定申告をすることで還付を受けられる場合があります。その際には、「脱退一時金支給決定通知書」が必要になります。

2 年金

　年金は、長期化する老後の生活を安定させる上で必要となるものです。また、公的年金は老後のためだけの制度ではなく、障害の状態になった時に受け取れる障害年金や、残された遺族の生活を保障する遺族年金もあります。

【年金制度の仕組み】

　公的年金制度は、いま働いている世代（現役世代）が支払った保険料を仕送りのように高齢者などの年金給付に充てるという「世代と世代の支え合い」という考え方を基本として、運営されています。

　日本の公的年金制度は、①20歳以上60歳未満のすべての人が共通して加入する国民年金と、②会社員や公務員などが加入する厚生年金による、いわゆる「2階建

○現役世代は全て国民年金の被保険者となり、高齢期となれば、基礎年金の給付を受ける。（1階部分）
○民間サラリーマンや公務員等は、これに加え、厚生年金保険に加入し、基礎年金の上乗せとして報酬比例年金の給付を受ける。（2階部分）
○また、希望する者は、iDeCo（個人型確定拠出年金）等の私的年金に任意で加入し、さらに上乗せの給付を受けることができる。（3階部分）

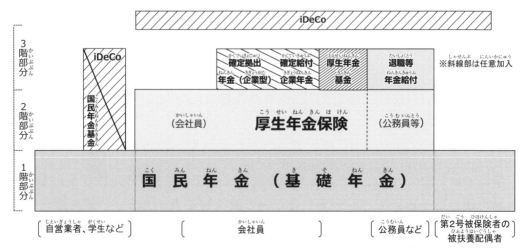

て」と呼ばれる構造になっています。

　また、③公的年金と別に保険料を納め、公的年金に上乗せして給付を行う企業年金などの私的年金は、いわば「3階部分」として、国民の自主的な努力によって高齢期の所得保障を充実させる役割を果たしています。

　自営業者など国民年金のみに加入している人は、毎月「定額」の保険料を自分で納め、会社員や公務員で厚生年金に加入している人は、毎月「定率」の保険料を会社などと折半で負担し、保険料は毎月の給料から天引きされます。厚生年金に加入している人に扶養されている配偶者は、厚生年金制度全体で保険料を負担しているため、個人として保険料を負担する必要はありません。

1 国民年金

　国民年金は、日本に住んでいる（住民登録をしている）20歳以上60歳未満の人は必ず加入することになっている年金です。老後生活や事故などで障害を負ったとき、一家の働き手が亡くなったときに保険料を収めている人や会社、国で支え合うという考え方で作られた仕組みです。

（1）加入対象者

　日本に住む20歳以上60歳未満の人は、外国人を含めて国民年金に加入し、保険料を納めることが法律で義務づけられています。来日時点で20歳未満の留学生も20歳になった時点で国民年金に加入する必要があります。

（2）保険料の支払い

①保険料

　国民年金の1か月あたりの保険料は、加入者全員が一律で16,520円（2023年4月〜2024年3月）です。毎年の物価や賃金の上昇率などで年度（4月〜翌年3月）ごとに見直しが行われます。

②支払い方法

【会社員の場合（厚生年金に加入している）】

　手続きは会社が行い、毎月の保険料は厚生年金保険の保険料として給与から天引

きされ会社が支払うことになっています。

【学生・自営業・無職】

　　市区役所または町村役場の国民年金の窓口で加入手続きを行います。保険料は、毎月納付書や口座振替、クレジットカード払いなどで納めます。半年や１年分を一括して支払うことも可能です。所得の少ない学生は納付を先送りできる「学生納付特例制度」があります。

【専業主婦（夫）の場合】

　　加入手続きは配偶者が勤めている会社を経由して行うことになります。なお、保険料負担はありません。

③学生納付特例制度

　　学生納付特例制度の対象校の学生のうち、所得の少ない学生が、国民年金保険料の納付を先送り（猶予）できる制度です。保険料を納められない時はそのままにせず、学生納付特例を申請しましょう。

学生納付特例制度の対象となる学校

【学生納付特例のメリット】

１．病気やけがで障害が残ったときも障害基礎年金を受け取ることができます。
２．年金を受け取るために必要な期間（受給資格期間）に算入されますが、年金額には反映されませんので、満額を受け取るには、保険料を10年以内に納付（追納）することが必要です。

（3）支給される種類と内容

種類	内容	要件
老齢基礎年金	65歳以降に亡くなるまで受け取ることができます。 【支給金額】 795,000円（2023年）×加入月数/480 40年間保険料を納めた場合は795,000円/年 ※加入月数（納付月数）により支給金額が変わります。 ※支給金額は毎年変動します。（記載の金額は2023年度）	保険料を納めた期間と保険料を免除された期間が合わせて10年（120か月）以上であること
障害基礎年金	被保険者が認定基準以上の障害になると受け取ることができます。 【支給金額】 993,750円/年（障害等級１級）＋子の加算 795,000円/年（障害等級２級） ※障害の内容により支給される金額が変わります。 ※支給金額は毎年変動します。（記載の金額は2023年度）	①保険料納付要件 ア）初診日の前日において、初診日の月の前々月までに被保険者期間があり、かつ、被保険者期間のうち保険料納付済期間と保険料免除期間をあわせた期間が2/3以上である。 イ）初診日の属する月の前々月までの１年間に保険料の滞納がない。（直近１年要件の特例） ②初診日に、被保険者であるか、または被保険者であった人で60歳以上65歳未満の国内居住者である。 ③障害の状態 障害認定日に、障害の程度が１級・２級に該当する。

種類	内容	要件
遺族基礎年金	被保険者が死亡したときに、その遺族（配偶者または子供）に支給されます。 【支給金額】 795,000円＋子の加算	①次の要件のいずれかに該当すること ア）短期要件 　Ⓐ被保険者が死亡したとき 　Ⓑ被保険者であったことがある60歳以上65歳未満の人で国内に住所を有する人が死亡したとき イ）長期要件 　老齢基礎年金（保険料納付済期間等が25年以上のものに限る。）の受給権者または保険料納付済期間等が25年以上ある人が死亡したとき ②保険料納付要件 　短期要件の場合は、死亡日前日において、死亡日の月の前々月までに被保険者期間があり、かつ被保険者期間のうち保険料納付済期間と保険料免除期間をあわせた期間が2/3以上であること（障害基礎年金と同様の直近1年要件の特例あり）

※支給金額については、毎年変動します。

（4）脱退一時金

　日本で働く外国人が母国に帰国する場合に支払った保険料の一部を返金する制度を「脱退一時金」といいます。「脱退一時金」の手続きは、日本を出国した後に2年以内に手続きをする必要があります。

①対象者

・保険料納付済期間等の月数の合計が6か月以上ある
・日本国籍を有していない
・老齢年金の受給資格期間（厚生年金保険加入期間等を合算して10年間）を満たしていない
・日本国内に住所を有していない
・公的年金制度厚生年金保険または国民年金の被保険者でない
・障害基礎年金などの年金を受ける権利を有したことがない
・最後に公的年金制度の被保険者資格を喪失した日から2年以上経過していない

②返金金額

　最後に保険料を納付した月が属する年度と、保険料を納付した月数に応じて、以下のとおりとなります。ただし、返金される保険料は最大で5年分（60か月分）です。

【脱退一時金額】

最後に保険料を納付した月が2023年4月から2024年3月の場合

保険料納付済期間等の月数	支給額計算に用いる数	支給額（令和5年度）
6か月以上12か月未満	6	49,560円
12か月以上18か月未満	12	99,120円
18か月以上24か月未満	18	148,680円
24か月以上30か月未満	24	198,240円
30か月以上36か月未満	30	247,800円
36か月以上42か月未満	36	297,360円

保険料納付済期間等の月数	支給額計算に用いる数	支給額（令和5年度）
42か月以上48か月未満	42	346,920円
48か月以上54か月未満	48	396,480円
54か月以上60か月未満	54	446,040円
60か月以上	60	495,600円

③手続きの方法

1. 転出届を市区町村に提出（同時に国民年金の資格喪失届を提出）する
2. 出国後（再入国許可を受けている人は再入国許可期間の終了後）に日本年金機構に手続き書類を送付する

【提出書類】

a. 脱退一時金請求書（右のホームページからダウンロード）

b. パスポートの写し（最後に日本を出国した年月日、氏名、生年月日、国籍、署名、在留資格が確認できるページ）
c. 銀行名、支店名、支店の所在地、口座番号、請求者本人の口座であることを証明できる書類（銀行が発行した証明書）または、「脱退一時金請求書」の銀行の証明印の欄に銀行の証明を受ける
d. 基礎年金番号通知書または年金手帳などの基礎年金番号を明らかにすることができる書類
3. 脱退一時金は、日本年金機構が書類を受理してから、3か月から4か月程度で、ドルやユーロなどの外国通貨により、指定口座へ振り込まれます。

（5）社会保障協定

　母国を出て、労働のために海外に居住した場合、その国の社会保障制度に加入する必要があります。そのため、母国と居住する国の両方の社会保障制度に入り、保険料を2か国分負担しなければならない可能性があります。そのため加入すべき社会保障制度を二国間で調整しどちらか1つの国の保障制度に加入する「二重加入

の防止」と日本での国民年金加入期間を母国の保障制度に加入の期間と認定する「年金通算制度」について、日本は現在23か国と社会保障協定を締結しています。

①対象者
・自分の国の会社に雇われている社員で日本に派遣される人
・自分の国で自営業をしている人で、一時的に日本で働く人

②社会保障協定締結国

　2024年4月現在日本と社会保障協定を締結している国は23か国です。「二重加入の防止」のみの国と「年金通算制度」を結んでいる国の2種類に分けられます。

【社会保障協定締結国】

	年金通算制度	二重加入の防止
協定が発効済みの国	ドイツ、アメリカ、ベルギー、フランス、カナダ、オーストラリア、オランダ、チェコ、スペイン、アイルランド、ブラジル、スイス、ハンガリー、インド、ルクセンブルク、フィリピン、スロバキア、スウェーデン、フィンランド	英国、韓国、中国 イタリア

③二重加入防止

　社会保障協定を締結した国との間では、日本に滞在する期間が5年以内である場合は、日本の年金制度への加入義務が免除されます。しかし、母国の年金制度の保険料を払い続ける必要があります。5年以上滞在する場合は、日本の年金制度へ加入する義務が生じ、母国の年金制度の保険料の支払い義務がなくなります。

④年金通算制度

　日本に滞在する期間が5年以上の場合は、二重加入の防止措置の免除期間が過ぎるため、日本の年金制度への加入する義務が生じ、母国の年金制度の保険料の支払い義務がなくなります。「年金通算制度」を結んだ国とは、日本・母国の両方の年金制度への加入期間を通算して、年金を受給するために最低必要とされる期間以上であれば、それぞれの国の制度への加入期間に応じた年金がそれぞれの国の制度から受けられます。

【社会保障協定のイメージ】

	支払い義務	母国	日本		母国
			5年以内	5年以降	
協定なし	母国での支払い義務	支払い義務あり →	支払い義務あり		→
	日本での支払い義務		二重加入 支払い義務あり →		
協定あり	母国での支払い義務	支払い義務あり →	二重加入の防止	年金通算制度 支払い義務なし この部分は母国の 年金受給資格期間 には含まれる	支払い義務あり →
	日本での支払い義務		支払い義務なし	支払い義務あり →	

---

2 厚生年金保険

　会社に勤める従業員などを対象にした年金制度です。20歳以上60歳未満のすべての人が加入する国民年金に、上乗せする形で保障されるもので、保険料は会社と従業員の折半によって支払われます。

（1）加入対象者

　一定の条件を満たした会社は、厚生年金保険への加入が義務づけられています。
・株式会社などの法人の事業所
・従業員が常時5人以上いる個人の事業所（飲食店などのサービス業は対象外）
　厚生年金保険に加入している事業所で雇用されている人のうち、常時雇用されている70歳未満の人については加入義務が発生します。

（2）保険料の支払い

①保険料

　厚生年金の保険料は、給料や賞与の18.3%となっており、事業主と社員が半分ずつ負担します。社員の給与や賞与から天引きされ、会社がまとめて支払をします。

　給与や賞与から天引きされる月額の保険料は、次のように決定します。

【給与】

> 厚生年金＝標準報酬月額×18.3%÷2

> 【標準報酬月額】
> 毎年4月から6月の報酬月額（通勤代や残業代を含み、税金を引かれる前の給与）を平均した額を、標準報酬月額表の等級（報酬額の区分）にあてはめて決めるもの

【標準報酬月額表】

（単位：円）

標準報酬		報酬月額		一般・坑内員・船員 (厚生年金基金加入員を除く)	
				全額	折半額
等級	月額			18.3%	9.15%
		円以上	円未満		
1	88,000		～　　93,000	16,104	8,052
2	98,000	93,000	～　101,000	17,934	8,967
3	104,000	101,000	～　107,000	19,032	9,516
4	110,000	107,000	～　114,000	20,130	10,065
5	118,000	114,000	～　122,000	21,594	10,797
6	126,000	122,000	～　130,000	23,058	11,529

（単位：円）

標準報酬		報酬月額			一般・坑内員・船員（厚生年金基金加入員を除く）	
					全額	折半額
等級	月額				18.3%	9.15%
		円以上		円未満		
7	134,000	130,000	～	138,000	24,522	12,261
8	142,000	138,000	～	146,000	25,986	12,993
9	150,000	146,000	～	155,000	27,450	13,725
10	160,000	155,000	～	165,000	29,280	14,640
11	170,000	165,000	～	175,000	31,110	15,555
12	180,000	175,000	～	185,000	32,940	16,470
13	190,000	185,000	～	195,000	34,770	17,385
14	200,000	195,000	～	210,000	36,600	18,300
15	220,000	210,000	～	230,000	40,260	20,130
16	240,000	230,000	～	250,000	43,920	21,960
17	260,000	250,000	～	270,000	47,580	23,790
18	280,000	270,000	～	290,000	51,240	25,620
19	300,000	290,000	～	310,000	54,900	27,450
20	320,000	310,000	～	330,000	58,560	29,280
21	340,000	330,000	～	350,000	62,220	31,110
22	360,000	350,000	～	370,000	65,880	32,940

標準報酬		報酬月額			一般・坑内員・船員 （厚生年金基金加入員を除く）	
					全額	折半額
等級	月額				18.3%	9.15%
		円以上		円未満		
23	380,000	370,000	～	395,000	69,540	34,770
24	410,000	395,000	～	425,000	75,030	37,515
25	440,000	425,000	～	455,000	80,520	40,260
26	470,000	455,000	～	485,000	86,010	43,005
27	500,000	485,000	～	515,000	91,500	45,750
28	530,000	515,000	～	545,000	96,990	48,495
29	560,000	545,000	～	575,000	102,480	51,240
30	590,000	575,000	～	605,000	107,970	53,985
31	620,000	605,000	～	635,000	113,460	56,730
32	650,000	635,000	～		118,950	59,475

例えば、標準報酬月額が20万円の場合は、全体の負担額は、36,600円となり、半分を会社側が負担するため、社員が負担する金額は18,300円です。

【賞与】

> 厚生年金＝標準賞与額×18.3％÷2

【標準賞与額】

賞与総額（税金を引かれる前の賞与）から千円未満を切り捨てた額が標準賞与額となり賞与が支給される月毎に決定されます。標準賞与額の上限は、１回につき150万円となります。

---

②支払い方法

　手続きは会社が行い、毎月の保険料は厚生年金保険の保険料として給与・賞与から天引きされ会社が支払うことになっています。

（3）支給される種類と内容

　厚生年金は、収めた保険料によってもらえる年金額が決まります。保険料は給料や賞与の金額に応じて決まり、「報酬比例部分」と呼ばれます。そのため、年収の高い人ほどより多くの保険料を納め、保険料をたくさん納めた人は、老後にもらえる老齢厚生年金の支給額も多くなるという仕組みとなっています。

種類	内容	要件
老齢厚生年金	65歳以降に亡くなるまで受け取ることができます。 **【支給金額】** 老齢厚生年金は、納めた保険料によってもらえる年金額が決まります。そのため、年金の受給額の計算は複雑となります。	①年金を受け取るのに必要な期間 老齢基礎年金の受給資格（10年間）を満たしていて、厚生年金の加入期間が１か月以上あること ②支給開始年齢 65歳（60歳からの繰上げ受給や、66歳以降75歳までの繰下げ受給も可能）

種類	内容	要件
障害厚生年金	認定基準以上の障害になると受け取ることができます。どれだけ給付されるかは、障害の重さ（等級）によって異なります。 【支給金額】（2024年現在） 老齢厚生年金額×1.25（障害等級1級） 老齢厚生年金額と同額（障害等級2.3級） ※最低保証612,000円（障害等級3級） 障害手当金（一時金）最低保障1,224,000円（1回かぎり） ※障害厚生年金は、1級、2級の受給者に配偶者がいる場合は、234,800円加算されます。 ※障害の内容により支給される金額が変わります。	①保険料納付要件 ア）初診日の前日において、初診日の月の前々月までに被保険者期間があり、かつ、被保険者期間のうち保険料納付済期間と保険料免除期間を合わせた期間が2/3以上である。 イ）初診日の属する月の前々月までの1年間に保険料の滞納がない。（直近1年要件の特例） ②初診日に、被保険者である。 ③障害の状態 障害認定日に、障害の程度が、障害の程度が1級〜3級に該当する。

種類	内容	要件
遺族厚生年金	加入者が亡くなることで遺族（配偶者または子供）が受け取ることができます。 【支給金額】 老齢厚生年金額の3/4 ※対象者が妻、子ども、孫、55歳以上の父母、55歳以上の祖父母と遺族厚生年金は対象者が広くなります。	①次の要件のいずれかに該当すること ア）短期要件 Ⓐ被保険者が死亡したとき Ⓑ被保険者期間中に初診日のある傷病によって初診日から5年以内に死亡したとき Ⓒ1級または2級の障害厚生年金受給権者が死亡したとき イ）長期要件 老齢厚生年金（保険料納付済期間等が25年以上のものに限る。）の受給権者または保険料納付済期間等が25年以上ある人が死亡したとき ②保険料納付要件 短期要件のⒶ・Ⓑの場合は、遺族基礎年金と同様の保険料納付要件を満たすことが必要

※記載の金額は2023年

（4）脱退一時金

【支給要件】

厚生年金保険の脱退一時金の支給要件は以下のとおりです。

・日本国籍を有していない

・公的年金制度（厚生年金保険または国民年金）の被保険者でない

・厚生年金保険（共済組合等を含む）の加入期間の合計が6か月以上ある

・老齢年金の受給資格期間（10年間）を満たしていない

・障害厚生年金（障害手当金を含む）などの年金を受ける権利を有したことがない

・日本国内に住所を有していない

・最後に公的年金制度の被保険者資格を喪失した日から2年以上経過していない

【脱退一時金の計算式】

> 脱退一時金額＝平均標準報酬額×支給率

【平均標準報酬額】
厚生年金に加入していた期間の報酬月額（通勤代や残業代を含み、税金を引かれる前の給与）と賞与総額（税金を引かれる前の賞与）の合計額を加入していた月数で割り算した金額

【支給率】
　支給率は、最後に保険料を納付した月と、保険料を納付した月数に応じて、以下のとおりとなります。厚生年金の返金については、20.42％の所得税が源泉徴収されます（国民年金の返金は、所得税の源泉徴収がありません）。

被保険者であった期間	支給率計算に用いる数	支給率
6か月以上12か月未満	6	0.5
12か月以上18か月未満	12	1.1
18か月以上24か月未満	18	1.6
24か月以上30か月未満	24	2.2
30か月以上36か月未満	30	2.7
36か月以上42か月未満	36	3.3

117

被保険者であった期間	支給率計算に用いる数	支給率
42か月以上48か月未満	42	3.8
48か月以上54か月未満	48	4.4
54か月以上60か月未満	54	4.9
60か月以上	60	5.5

【ポイント】

　帰国後に請求した厚生年金の脱退一時金は、その総額の20.42％が所得税として源泉徴収されますが、その源泉所得税は脱退一時金が支払われた後に確定申告することで、還付を受ける（返金される）ことができます。還付申告できるのは、出国日より5年以内です。非居住者が日本国内で申告する場合、一般的に「納税管理人」を定め、納税管理人を通じて申告することになります。

3 労働保険

労災保険と雇用保険をあわせて労働保険と呼んでいます。労働保険は労働者の生活と雇用を守るための国の制度です。

1 労災保険

労災保険は、業務上のケガや病気で働けなくなった労働者の生活を守り、療養費などを補償する保険のことです。労働者が死亡した際は、給付金により遺族の生活を支援します。また、正社員やアルバイト、パートを問わず従業員を1人でも雇っている事業所は、原則として労災保険に加入しなければなりません。

【ポイント】
1. 業務上のけがや病気で働けなくなった際の医療費や生活費を補償する保険
2. すべての労働者が対象となる。

（1）加入対象者

労災保険に加入できるのは、正社員、派遣労働者、パート、アルバイトなど労働や雇用形態を問わず、すべての労働者が対象となります。

（2）保険料の支払い

労災保険は社員が個別に加入するものではなく、会社が加入し、会社で働く社員に適用されるものです。そのため、労災保険の保険料は会社が全額負担し、社員の保険料負担はありません。

（3）保険の範囲

労災保険には、「業務災害」と「通勤災害」の2種類があります。仕事中の業務が原因となるけがや病気、障害や死亡することを「業務災害」といいます。一方で、

通勤中のケガや病気、障害や死亡することを「通勤災害」といいます。仕事中の業務や通勤中以外のケガや病気は、「健康保険」を利用することになります。

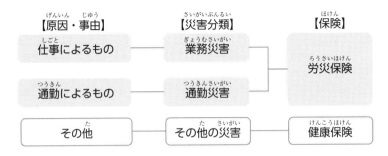

①業務災害

業務災害とは、仕事上でのケガや病気、障害や死亡などをいいます。そのため、例えば業務時間内であっても、業務に関係のない個人的な理由や原因となるケガや、故意によるケガなどは該当しません。

【業務災害の例】

・工場での作業中に、機械に指がはさまりケガをした。
・仕事中に社内を歩いていたら、廊下に積んであった段ボールが崩れて骨折して障害を負った。
・会社の車で取引先に行く途中に交通事故にあいケガをした。

②通勤災害

家と職場との往復をする移動中のケガや病気、死亡などをいいます。ただし、会社帰りに映画館や飲食店に寄り道した場合は、その間およびその後の移動は対象外となります。

【通勤災害の例】

・自宅から会社に出勤する途中に駅の階段で転倒し、ケガをした。
・歩行中にビルの建設現場からの落下物によってケガをした場合。

③精神障害（業務災害）

近年、過労や仕事上のストレスや上司の暴言、嫌がらせなどのパワーハラスメントやセクシュアルハラスメントが原因で、うつ病などの「心の病気」になる人が増えています。仕事が原因となる心の病気（精神障害）についても一定の条件を満たす場合は、労働災害として認定されます。

【精神障害が労災認定されるための条件】

1．認定基準の対象となる精神障害を発病していること

2．病気になる前のおおむね6か月の間に、仕事による強いストレスが認められる
こと

3．仕事以外のストレスや本人側の原因により病気になったとは認められないこと

（4）労災保険の補償内容と手続き

　労災保険により、要件を満たして労災と認められた場合、受けることができる補償は以下の通りです。

【労災保険の補償内容】

種類	内容
療養補償給付	ケガや病気が治るまで、労働者が無料で診察及び治療などが受けられるようにするものです。
休業補償給付	ケガや病気のため労働者が働けず、賃金を得られないときに給付されるものです。
傷病補償年金	療養を開始してから1年6か月を経過してもケガや病気が治らないときに給付されるものです。
障害補償給付	障害が残った場合に給付されるものです。
介護補償給付	重い後遺障害のため介護が必要になった場合に給付されるものです。
葬祭料	死亡した者の葬儀を行うときに給付されるものです。
遺族補償給付	死亡した場合に労働者の遺族に給付されるものです。
二次健康診断等給付	二次健康診断を受けた場合に給付されるものです。

　労災保険には、さまざまな給付がありますが、すべて申請手続きが必要となります。どのように申請するのか手順を説明します。会社によっては代わりに手続きをしてくれることもあります。

①補償の種類に応じた請求書を入手する

　労働基準監督署か厚生労働省のホームページから、補償の種類に応じた請求書を入手します。

②請求書に記入する

　請求書の記入項目には、事業主の署名欄もあります。事業主の署名を得られなければ記載内容の不備となりますので、その場合には事業主に相談しましょう。

　また、補償の種類によっては、療養などをした医療機関などに記載してもらう欄もあります。

③請求書と必要書類を労働基準監督署に提出する

　請求書が完成したら、補償の種類に応じて必要となる必要書類と一緒に労働基準監督署に提出します。労働基準監督署は、その請求書の内容に基づき調査し、労働災害や通勤災害に該当するか判断をした後に、その結果により給付が決定されます。

※労働災害や通勤災害による病院での診療は、健康保険が使えないことから、ケガや病気で療養補償給付を受ける場合には、窓口での支払いが不要となる「労災病院」または「労災指定医療機関」での受診が安心です。

---

2 雇用保険

　雇用保険とは、会社が倒産して仕事がなくなったときや会社から解雇されたとき、自分の都合で仕事を辞めたときに、生活の安定や再就職促進を図るために次の仕事に就くまでの間の生活費が支給される保険制度です。外国人も日本人と同じように失業給付などを受けることができます。そして雇用保険料も日本人と同じように納める義務があります。

【ポイント】

1．失業したときに生活費を補償する保険
2．育児や介護などで仕事が続けられなくなった場合に職業継続の支援をする保険
3．労働者の能力開発やキャリアアップへの取り組みを支援し、再就職を支援する保険

（１）加入対象者

雇用保険に加入するためには、下記の３つの条件を満たす必要があります。

１．勤務開始時から最低31日間以上働く見込みがあること

２．１週間あたり20時間以上働いていること

３．学生ではないこと（例外：卒業前に就職し、卒業後も引き続きその企業で勤務する場合）

（２）保険料の支払い

会社員については給与や賞与から天引きされることになっています。

給与・賞与より天引きされる月額の雇用保険料は、次のように決定します。

> 雇用保険料＝賃金総額×雇用保険料率

【賃金総額の対象となる項目】

賃金の対象になるもの			
基本賃金	賞与	通勤手当	定期券・回数券
超過勤務手当	深夜手当	扶養手当	子供手当
家族手当	技能手当	特殊作業手当	教育手当
調整手当	地域手当	宿直・日直手当	休業手当
社会保険料	雇用保険料		

【賃金総額の対象とならない項目】

賃金の対象にならないもの			
役員報酬	結婚祝金	死亡弔慰金	災害見舞金
年功慰労金	勤続褒賞金	退職金	出張費・宿泊費

賃金の対象にならないもの			
休業補償費	疾病手当金	解雇予告手当	

【雇用保険料率】

事業の種類	社員負担	企業負担
一般の事業	6/1,000	9.5/1,000
農林水産・清酒製造の事業	7/1,000	10.5/1,000
建設の事業	7/1,000	11.5/1,000

例えば、一般の事業者で月額の賃金総額が25万円であれば、

月額の雇用保険料 =25万円×0.006=1,500円（社員負担）

25万円×0.0095=2,375円（会社負担）

1,500円が社員負担、2,375円が会社負担となります。

（3）保険の範囲

①求職者給付

　労働者が失業したとき、求職活動を行う期間の生活の安定を図ることを目的としています。基本手当のほかに傷病手当などがあります。

分類	名称	内容
求職者給付	基本手当（失業保険）	求職者のために期間限定で一定の手当てを支給して、生活の保障と再就職の支援する制度です。

分類	名称		内容
求職者給付	技能習得手当	受講手当	公共職業訓練を受けると支給されます。
		通所手当	公共職業訓練に行くときの交通費として支給されます。
	寄宿手当		失業期間中に公共職業訓練を受講することが原因で、生計を維持している同居の配偶者や親族と別居せざるを得ないときに、宿泊費として支給されます。
	傷病手当		失業保険の受給資格者が疾病や負傷により、求職活動をできない期間が15日以上のときは、失業保険が傷病手当に変わります。

②就職促進給付

　失業者の再就職を援助・促進することを目的としています。再就職手当などがあります。

分類	名称		内容
就業促進給付	就業促進手当	再就職手当	失業保険の受給期間中に就職したことで、失業保険の給付日数が残ったときに受け取れる手当てです。
		就業促進定着手当	再就職手当を受けた人が、その再就職先の企業に6か月以上雇用されて、その間の賃金が前の企業の賃金より低かったときに受け取れる手当てです。

分類	名称		内容
就業促進給付	就業促進手当	就業手当	再就職手当の支給条件に当てはまらない人で、失業保険の給付日数が1/3以上かつ45日以上残ったときに受け取れる手当てです。
	移転費	移転料	ハローワークが紹介した企業に就職したり、公共職業訓練を受けるために、引っ越しせざるを得ないときに受け取れる費用です。
		着後手当	雇用保険の移転費を使って引越しをした場合に受け取れる手当てです。
	求職活動支援費	広域就職活動費	受給資格者が広範囲な地域にわたって、就職活動をするときに受け取れる活動費です。鉄道賃、車賃、航空賃、船賃、宿泊費の5種類があります。
		短期訓練受講費	雇用保険の受給資格者が再就職のために、1か月未満の教育訓練を修了したときに受け取れる費用です。

分類	名称		内容
就業促進給付	求職活動支援費	求職活動関係役務利用	受給資格者などが求人者との面接などをしたり、教育訓練を受講するため、養育している子を認可保育所や認可幼稚園に預かった場合に、本人負担の費用を一部助成する制度です。

③雇用継続給付

　仕事を続けることが困難となった場合に、職業継続の支援及びそれを促進することを目的としています。育児・介護休業給付や、高年齢雇用継続給付などがあります。

分類	名称	内容
雇用継続給付	育児休業給付	原則1歳未満の子を養育するために育児休業を取得した場合、一定の要件を満たした場合に、ハローワークへの支給申請により、支給されるものです。
	介護休業給付	配偶者や父母、子等の対象家族を介護するための休業を取得した被保険者について、一定の要件を満たした場合に、ハローワークへの支給申請により、支給されるものです。

④教育訓練給付

　労働者の能力開発やキャリアアップへの取組みを支援し、再就職の促進を図ることを目的としています。

分類	名称	内容
教育訓練給付	教育訓練給付金	**一般教育訓練給付金** その他の雇用の安定・就職の促進に資する教育訓練が対象となります。受講費用の20％（上限10万円）が訓練修了後に支給されます。
		専門実践教育訓練給付金 特に労働者の中長期的キャリア形成に資する教育訓練が対象となります。受講費用の50％（年間上限40万円）が訓練受講中6か月ごとに支給されます。資格取得などをし、かつ訓練修了後1年以内に雇用保険の被保険者として雇用された場合は、受講費用の20％（年間上限16万円）が追加で支給されます。さらに2024年10月1日からは、教育訓練の受講後に賃金が上昇した場合は、受講費用10％が追加で支給されます（給付率の上限は80％です）。なお、失業状態にある人が初めて専門実践教育訓練（通信制、夜間制を除く）を受講する場合、受講開始時に45歳未満であ

分類	名称	内容
		るなど一定の要件を満たせば、別途、教育訓練支援給付金が支給されます。
教育訓練給付	教育訓練給付金	特定一般教育訓練給付金	特に労働者の速やかな再就職及び早期のキャリア形成に資する教育訓練が対象となります。受講費用の40％（上限20万円）が訓練修了後に支給されます。

（4）主な手当と給付金額

①基本手当（失業保険）

　失業保険とは、正式には雇用保険と呼ばれる公的保険制度の一つです。自己都合（転職、起業など、個人的な都合で退職した場合）、会社都合（解雇や倒産など自分の意志とは関係なく失業した場合）、定年退職などそれぞれの理由でも、次の勤務先が見つかるまでの一定期間、基本手当（失業手当）を受給することができます。

【受給の条件】

a．自己都合退職の場合

　離職日以前の２年間に、被保険者期間が通算して12か月以上あること

b．会社都合退職の場合

　離職日以前の１年間に、被保険者期間が通算して６か月以上あること

【支給額】

> 基本手当日額＝賃金日額（退職前６か月の賃金合計÷180）×給付率（50〜80％）

※賃金日額には、賞与は含まれませんが、残業代や手当などを含みます。

　基本手当の日額は、上記の（退職前の６か月の賃金合計÷180）で算出した金額

の上限が年齢ごとに決められています。また、給付率は年齢や賃金月額に応じて50％〜80％の範囲で決定します。賃金日額が安ければ給付率が上がり、賃金月額が高ければ給付率が低くなります。複雑な計算方法に基づいて算出するため、正確な給付額を知りたい場合は、ハローワークに問い合せてみましょう。

【賃金日額の上限と基本手当の上限額】（2024年4月1日現在）

離職時の年齢	賃金日額の上限額	基本手当日額の上限額
29歳以下	13,890円	6,945円
30〜44歳	15,430円	7,715円
45〜59歳	16,980円	8,490円
60〜64歳	16,210円	7,294円

　給付される期間については、自己都合退職と会社都合退職で期間が異なります。また、雇用保険の加入期間についても給付期間が変わります。加入期間が長いと給付期間も長くなります。

【給付日数】

雇用保険の加入期間	10年未満	10年〜20年	20年以上
給付期間（自己都合退職）	90日	120日	150日
給付期間（会社都合退職）	90日〜240日	180日〜270日	240日〜330日

【手続きの流れ（会社都合退職の場合）】

1．ハローワークで手続きを行う（離職票と求職票の提出）
2．待機期間（7日間）
3．雇用保険受給説明会に参加する
4．失業認定日にハローワークへ行き、失業認定を受ける
5．失業認定日から1週間程度で初給付
6．以降は毎月（4週間に一度）の失業認定日に出席、その後約1週間程度で給付
※自己都合退職の場合と会社都合退職では、支給開始日が変わります。

自己都合退職の場合は、給付開始日が待機期間から３か月後に初給付となります（2025年４月１日からは、給付制限期間が１か月に短縮されます。ただし、５年間で３回以上の自己都合離職をした場合は、3回目から制限期間が３か月となります）。

②育児休業給付

雇用保険の加入者が、１歳（一定の要件に該当した場合は１歳２か月から２歳）に満たない子どもを養育するための育児休業を取得し、以下の条件を満たす人は、育児休業給付金が支給されます。また、育児休業中は社会保険料（健康保険・厚生年金）の納付が全額免除されます。

【受給の条件】

・雇用保険の加入期間が、育児休業を開始した日以前の２年間に１年以上あること
・育児休業期間中に、１か月に10日以下しか働いていないこと。勤務している場合、休業前の賃金の８割以下であること。

【支給日数】

支給日数は、基本的には、産後57日から子どもが１歳になる前日までです。ただし、認可保育園に申し込みを行なっているけれど、子どもが１歳を過ぎても空きが見つからず育休をとる場合は１歳６か月まで、さらに１歳６か月を過ぎても空きがなく育休をとる場合は２歳まで育児休業給付の期間を延長できます。

【支給額】

> 育児休業給付金の支給額＝（育児休業前６か月間の賃金合計÷180）×支給日数×給付率

※育児休業開始６か月間（180日）は「67％」、６か月より後は「50％」です。
※休業開始時賃金月額（育児休業前６か月間の賃金÷180×30日）の上限は、486,300円、下限は82,380円となります（2024年４月１日現在）。

例えば、月額21万円で１歳になるまで育児休暇を取得した場合
開始６か月間は給付率67％のため
　１か月の支給額＝（21万円×６か月÷180）×30×67％＝140,700円
140,700×６か月＝844,200円・・・A
　６か月以降は給付率50％となるため

1か月の支給額＝（21万円×6か月÷180）×30×50％＝105,000円

105,000円×4か月＝420,000円・・・B

A（844,200）＋B（420,000）＝1,264,200円（10か月分）の支給となる。

【手続きの流れ】

　　育児休業給付金の申請は、勤務先を通じてハローワークへ申請します。そのため、手続きは、勤務先の企業が行なってくれるのが一般的です。受給資格の確認を勤務先が行い、受給資格があると判断された場合に、申請の手続きが進められます。

①育児休業給付金の初回支給申請を行う

　　勤務先から「育児休業給付受給資格確認票・（初回）育児休業給付金支給申請書」の用紙を受け取り、必要事項を記入し、母子手帳の写しと給付金を受け取る金融機関の通帳の写しを添えて、勤務先に提出します。

②育児休業給付金の2回目以降の支給申請を行う

　　初回申請後、2か月ごとに追加申請が必要となります。手続きは勤務先が行なってくれますが、「育児休業給付金支給申請書」に記入したうえ、返送して手続きを進めます。

4 ▶ 介護保険

　日本には、介護を必要とする人が適切なサービスを受けられるように、社会全体で支え合うことを目的とした介護保険制度があります。65歳以上で寝たきりや認知症などにより介護や日常生活の支援が必要となったとき介護サービスを利用する場合、1割から3割の負担でサービスを利用できる仕組みです。40歳以上でも国が認める特定の病気（パーキンソン病、関節リウマチ、末期がんなど）になった場合、介護サービスを受けることが可能です。外国人も日本人と同じように介護サービスを受けることができます。そして介護保険料も日本人と同じように納める義務があります。

【ポイント】
1．介護を必要とする人が適切なサービスを受けられるようにする保険
2．外国人も日本人と同様に一定の条件を満たすと保険料を支払う義務がある

（1）加入対象者
　日本に3か月を超えて滞在する40歳以上の外国人は介護保険の加入が義務づけられます。

（2）保険料の支払い
①65歳以上（第1号被保険者）
　65歳以上の保険料は、住んでいる市区町村で必要な介護保険のサービス費用などから算出された額をもとに、所得（収入金額）に応じて決定し、基本的には年金から天引きされます。
②40歳以上65歳未満（第2号被保険者）
　加入している医療保険の算定方法により決められ、医療保険料と一括して納めます。国民県健康保険加入者については世帯ごとに決められ、職場の健康保険加入者については給与や賞与から天引きされることになっています。

給与より天引きされる月額の介護保険料は、次のように決定します。

【給与】

介護保険料＝（標準報酬月額）×（介護保険料率）

【標準報酬月額】
毎年4月から6月までの報酬月額（通勤代や残業代を含み、税金を引かれる前の給与）を平均した額を、標準報酬月額表の等級（報酬額の区分）にあてはめて決めるもの

【賞与】

介護保険料＝（標準賞与額）×（介護保険料率）

【標準報酬月額】
賞与総額（税金を引かれる前の賞与）から1,000円未満を切り捨てた額が標準賞与額となり賞与が支給される月ごとに決定されます。標準賞与額の上限は、年間累計額573万円となる。

※会社員の場合は、給与・賞与両方ともに上記で決定した保険料を半分ずつ社員と会社が負担します。会社が社員の個人負担額と合わせて毎月全国健康保険協会（協会けんぽ）や年金事務所に納付します。

例えば、標準報酬月額が20万円の場合
全国健康保険協会（協会けんぽ）の介護保険料率は1.82％（令和5年度）

となるので
介護保険料（月額）=20万円×1.82％ =3,640円となります。
会社員であれば、半分を会社側が負担するため、
社員が負担する金額は1,820円です。

※保険料の詳しい内容については、住んでいる市区町村の介護保険担当窓口か、加入している医療保険の担当窓口に確認しましょう。

（3）介護サービスの利用

　サービスを受けるためには、住んでいる市区町村へ申請して「介護や支援が必要な状態である」と認定される必要があります。その後、市町村の担当者などが自宅などを訪問して本人や家族から聞き取り調査を行い、かかりつけの医師に意見書を作成してもらいます。その後、原則として30日以内に結果が通知されます。

①介護の認定

　介護の認定には以下の身体の状態に応じて７段階に分けられています。
　要介護度状態区分の目安は、下記の通りです。
※身体の状況や生活環境などによって異なります。

要介護度	身体の状態
要支援1	排泄や食事はほとんど自分でできるが、身の回りの世話の一部に介助が必要。状態の維持・改善の可能性の高い状態。
要支援2	食事、トイレなどはできるが入浴などに一部介護が必要な状態。（要介護になるおそれがある状態）
要介護1	生活の一部に部分的介護を必要とする状態。排泄、入浴、着替えなどに一部介助が必要な状態。
要介護2	排泄、入浴などに一部もしくはすべて介護が必要で、着替えに見守りなどが必要な状態。
要介護3	重度の介護を必要とする状態。排泄、入浴、着替えについてすべて介助が必要な状態で、認知症に伴う問題行動が見られる。
要介護4	最重度の介護を必要とする状態。排泄、入浴、着替えについてすべて介助が必要な状態で、認知症に伴う問題行動が一層増える状態。
要介護5	寝たきり状態。生活全般にわたって全面的な介護が必要な状態。

②介護サービスの種類

介護サービスの利用に関する相談、ケアプランの作成

自宅で受けられる家事援助などのサービス

施設などに出かけて日帰りで受けられるサービス

施設などで生活（宿泊）しながら、長期間または短期間受けられるサービス

訪問・通い・宿泊を組みあわせて受けられるサービス

福祉用具の利用に関するサービス

③介護サービスの利用料金

　介護保険サービスを利用した場合の利用者負担は、介護サービスにかかった費用の１割（一定以上所得者の場合は２割または３割）です。介護保険施設利用の場合は、費用の１割（一定以上所得者の場合は２割または３割）負担のほかに、居住費、食費、日常生活費の負担も必要になります。ただし、所得の低い人や、１か月の利用料が高額になった人については、別に負担の軽減措置が設けられています。

※居宅サービスを利用する場合は、利用できるサービスの量（支給限度額）が要介護度別に定められています。

【居宅サービスの１か月あたりの利用限度額】

　居宅サービスを利用する場合は、利用できるサービスの量（支給限度額）が要介護度別に定められています。
（１か月あたりの限度額：右表）

　限度額の範囲内でサービスを利用した場合は、１割（一定以上所得者の場合は２割または３割）の自己負担です。

　限度額を超えてサービスを利用した場合は、超えた分が全額自己負担となります。

（令和５年度）

要支援1	50,320円
要支援2	105,310円
要介護1	167,650円
要介護2	197,050円
要介護3	270,480円
要介護4	309,380円
要介護5	362,170円

Chapter 7

就職活動と働くために
必要な知識

1 日本の雇用文化

1 新卒採用と中途採用

　日本の採用活動の仕組みは、２つに分類することができます。一つがすでに働いた経験がある人を対象とした採用を行う「中途採用」と、もう一つは、専門学校、大学などを卒業して初めて働く人を対象とした採用を行う「新卒採用」です。

　日本企業は、外国人留学生も日本人学生と同じ採用枠で、同じ選考方法で採用活動を行います。つまり日本人学生とポジションを争うこととなります。日本に進出している外資系企業についても、日本の企業とほぼ同様に採用活動が行われることが多いため、日本で就職するのであれば、日系企業でも、外資系企業でも、日本の採用ルールのもとで就職活動を行っていかなければならないことになります。

2 日本の新卒採用の特徴

①新卒者一括採用

　日本の就職活動ではこの「新卒者一括採用」という独特の採用方法が行われており、企業は、卒業予定の学生を年度ごとに一括して求人し、学生の在学中に採用活動を行います。

②４月入社

　世界の多くの国々では９月入学が主流ですが、日本の大学や専門学校は４月に入学し、３月に卒業するのが主流です。そのため、日本では３月に卒業した学生が翌月の４月１日から入社し、働き始めることになります。

③就職活動スケジュール

　日本の就職活動では、多くの企業が同じスケジュールで採用活動を行います。また、日本の就職活動は海外に比べ早期から始まります。日本の就職活動は、2024年

4月現在、最終学年の一つ前の学年（学部3年生、修士1年生、博士2年生）の3月1日から開始され、終了するのは4か月後の6月中旬ごろとなり長い期間で行われる特徴があります。

④採用試験

日本企業の採用試験では、数学や、国語、英語などの筆記試験を行う企業が多いです。また、プロフィールシートは日本語の作文を記載するケースが多いです。面接については、さまざまな種類の面接試験が1社につき3回程度は行われます。

⑤採用基準

海外の企業では、昇進や昇給の基準について、その人の実力や仕事の成果、成績によって評価をする「成果主義」を導入している企業が多く、採用時においても即戦力となる人材を求めます。そのため評価すべき基準は、大学などで学んだ専攻や知識、それを証明する資格や学業成績、またインターンシップなどで身につけたビジネススキルです。

一方で、日本企業では海外の企業に比べ長い期間で人材を育成するという慣習があるため、入社後に成長が期待できる素養を持った人材の採用を行います。

右の図は、企業が採用にあたり重視した項目のアンケート調査結果です。日本企業は、学業成績、専門性、語学力よりも、コミュニケーション能力や主体性、協調性、チャレンジ精神などのポテンシャルを評価します。ポテンシャルとは、「本来備わっている潜在力、将来性」という意味です。採用段階においては

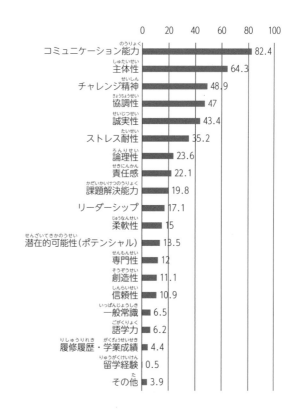

出典：日本経済団体連合会「2018年度新卒採用に関するアンケート調査」

即戦力として活躍できるほどのスキルやノウハウがなくても、その人の潜在的な能力や将来性を評価し採用する手法です。日本企業は、入社後にしっかりとした教育体制を整備していることから、即戦力の人材ではなく将来的に活躍が予測できる人材の採用を行う傾向があります。

3 日本の雇用の特徴

「年功序列」「終身雇用」「企業別組合」といった日本独自の３つの雇用の特徴は、第二次世界大戦後の1940年代後半から高度経済成長、安定経済成長を迎えた1980年代に定着した日本型雇用システムです。この雇用制度によって、日本は飛躍的な経済成長を迎えます。

　しかし、1991年に「バブル経済」が崩壊すると、その不況の影響を受けた企業が人件費の削減のためにリストラを敢行し、失業者が増大しました。

　またこの頃から、日本型雇用を可能にしてきた社会構造にも変化が見られました。日本の人口のピラミッド型構造が崩れ、少子高齢化の進展により企業の賃金負担の増加や低賃金の若年労働力の確保、雇用の流動化を促す派遣労働法制の整備、企業競争力を高めるための年俸制など成果型賃金を採用する企業の増加により、労働組合の組織率低下もあって、日本型雇用は徐々に形骸化が進んでいます。

　日本型雇用システムのメリットの１つめは、失業率の低さです。日本は欧米各国と比べて失業率が低いといわれています。その理由として終身雇用という特徴により、労働者が正社員として安心して同じ企業で長く勤めることが挙げられます。

　日本型雇用システムのメリットの２つめは、長期間にかけて行われる人材育成の仕組みです。短期間では身につかない高度な技術やヒューマンスキルを、時間をかけて丁寧に習得させることが可能となります。

　日本型雇用システムのメリットの３つめは、チームワークの強化です。チームワークの強化がメリットの一つだといえるのは、長期的に雇用されることが関係しています。同じ環境で生涯を通して共に働いていく仲間という意識を持つことがチームワークの強化に繋がります。また、社員それぞれが会社に対して帰属意識を持つことも理由の一つです。

　日本型雇用システムのメリットの４つめはモチベーションのアップです。こちら

は年功序列が深く関係しています。同じ会社に長年勤めることで、自動的に役職に就くことが可能です。また、将来の賃金アップも見込めます。長く同じ会社に勤めていることで、必ず評価されるという期待がもてるため、それによって仕事に対するモチベーションがアップします。

一方で日本型雇用には、デメリットも存在します。日本型雇用システムのデメリットの1つめは、企業側の利益低下です。これは終身雇用が関係しています。業績の赤字など余程のことがない限り、終身雇用が認めていられている日本型雇用システムは、成果を上げられない社員も簡単に解雇することができません。そのため、より多くの利益が得られるような場面でも人件費にコストを取られて企業側の利益が低下するという一面があります。

日本型雇用システムのデメリットの2つめは、若年層の意欲の低下です。いくら努力をしていても長く勤めている人に給与が多く支払われるということが、若者の意欲の低下につながります。場合によっては離職率の上昇のきっかけになることもあります。

日本型雇用システムのデメリットの3つめは、格差が生まれるということです。日本型雇用システムは、正規労働者と非正規労働者の間に格差をもたらします。それだけではなく、女性と男性の格差や年齢などの理由による格差がすでに生まれています。

4 終身雇用

日本型雇用システムの最大の特徴ともいえるのが、終身雇用の制度です。正社員として会社に入れば、その後は定年までの雇用が保証されています。労働基準法上は「期間の定めのない雇用」と記載されていて、法的には「終身雇用」という表現は存在していませんが多くの企業で慣行となっています。しかし、近年、欧米の能力主義の影響を受けるとともに、企業の規模や個人の能力が重視され、正社員であれば誰でも終身雇用が保証されるということは難しくなっています。

終身雇用のメリットは、雇用が維持されることで、会社と社員は強い信頼関係を築くことができ、社員の忠誠心が育ち同じ企業に長く勤め続けます。長期的な雇用により離職率が低下するため、企業は長期的な展望に基づく企業内教育による人材

の育成に力を入れることができます。

　一方で、定年時まで雇用してもらえるという安心感から、モチベーションの低下が原因で、従業員の質の低下につながることもあります。また、業績が悪化しても簡単に社員を解雇できないため、新しい人材を雇用することができず、本当に必要な仕事を能力のある限られた人材でまかなうことになり、少ない人数で業務を行うことがあります。そのため、長時間労働により人手不足を補うという状況になり、ワークライフバランスが確保できないというデメリットがあります。

5　年功序列

　終身雇用制度を前提に、入社してからの年数に応じて役職や賃金が決定されるのが年功序列です。年数が経過するに従ってスキルや経験が高まっていくという考え方が背景にあります。一方、年数は考慮せず、実際にどれほどの成果を出して会社に貢献してきたかによって役職や賃金を決定していくのが欧米型の成果主義制度です。

　年功序列のメリットは、年齢や勤務年数に応じて賃金や役職が上がるため、将来の不安も少なく、「安心・安定した生活」が望めます。そのため、社員が会社に定着しやすく、会社への帰属意識が高まるといった会社側のメリットもあります。

　一方で、雇用側は、たとえ能力やスキルがなくても、長年勤めた社員に対して高い給与を払わなくてはならないというデメリットがあります。少子高齢化が進む現代では社内でも高齢化が進んでいるため、その分会社の負担は増大してしまいます。

　このように年功序列にはさまざまな問題があるため、近年は年功序列を廃止する企業や、個人の能力や実績を評価する「成果主義」を採用する企業が増加するようになりました。

6　企業内労働組合

　特定の企業や事業所に所属する正規労働者によってのみ構成される企業内労働組合（労働組合）が企業別組合であり、これも日本型経営の特徴といえます。欧米の場合、組合を形成するのは、同じ職能を持った人たちであったり、従事する業種を同じくする人たちであったりするのが一般的です。ただし、日本の労働組合組織が

企業単位のもののみというわけではありません。同じ業種業態である他企業の組合とも連携をして、地域ごと、あるいは全国的な産業別組織も形成しています。

　企業内労働組合のメリットは、産業別組合と比較すると、当該企業の実態に合った労使交渉が行われることです。一方でデメリットとして、団体交渉の成果がその企業内のみにとどまるため、交渉に企業間競争を促す力が弱いことがあげられます。組合が企業意識に支配されやすく、企業間競争が激化するにしたがって、他の労働組合と連帯して行動するよりは、使用者と協力して企業の繁栄に努めるという行動をとりがちになります。その結果、労働条件の平準化という組合本来の機能の発揮において大きな限界をもつことになります。

7　メンバーシップ型雇用

　日本では、一般的にメンバーシップ型雇用が主流となります。メンバーシップ型雇用は、職務も勤務地も労働時間も限定されない雇用形態です。主にゼネラリストとしてあらゆる職務に対応できる能力を評価するのが特徴です。安定した雇用や待遇と引き換えに無限定な働き方を求められる日本特有の雇用の形です。

　企業は、新卒一括採用で大量に人材を獲得し、OJT（On-the-Job Training）や社内研修で教育を行い、職務に必要な知識と経験を積ませます。職務や勤務地の範囲を限定していないため、企業の都合で配置転換を行うことができるのが特徴です。そのため本人が希望する職種や勤務地に就けない可能性もあります。これらの雇用形態から、企業の求人情報においては職種が「総合職」と記載されています。

　一方海外では、一般的にジョブ型雇用が主流となります。ジョブ型雇用は、職務や勤務地などが限定された雇用形態です。職務要件を明確にし、主にスペシャリストとしての能力を評価するのが特徴です。その仕事の存続や遂行能力に応じて雇用の継続や待遇が決まります。企業は専門性の高い優秀な労働者を確保することができますが、特定の職務範囲内で労働者と契約するため、企業の経営状況や方針の変化によりその仕事が不要となった場合、配置転換を行わずに契約終了となることがあります。そのため、労働者は失業するリスクがあるといえます。

2 就職活動

1 日本の雇用環境

（１）新卒採用市場

日本では、大学や専門学校を卒業して初めて働く人たちの市場を、新卒採用市場といいます。

【図１】は、過去10年間の日本の大学卒業者の就職（内定）率の推移を表したデータになります。

日本の雇用は安定しており、過去10年間90％を下回ったことがなく、安定した雇用環境となります。

【図1】過去10年間の日本人大学卒業者の就職（内定）率の推移

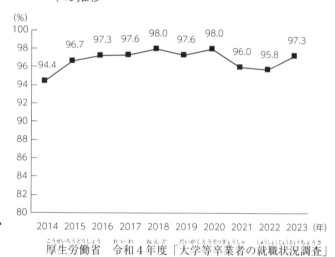

厚生労働省　令和４年度「大学等卒業者の就職状況調査」

（２）初任給

初任給とは、大学や大学院を卒業した後、はじめにもらう企業からの月額の給与のことです。【図２】は、日本での初任給の平均値です。大学卒で約21万円、大学院卒（修士卒）は約23万円が平均的な初任給となります。

【図2】学歴別の新卒初任給の平均

区分	大学卒		大学院卒	
	事務系	技術系	事務系	技術系
初任給支給額（円）	211,094円	215,365円	233,806円	239,965円

人事院「職種別民間給与実態調査結果」（令和５年）

144

（3）年齢別の平均給与

【図3】は、年齢別の平均年間給与についてのグラフになります。それぞれ年代別に年間どれくらいの給与をもらえるかの平均値が記載されています。

男性の年収は、55から59歳の702万円がピークとなり、それ以降は少しずつ下がっていきます。

女性は、25〜29歳から50〜54歳まで横ばいとなり、それ以降は少しずつ下がっています。

【図3】民間企業の年齢別平均給

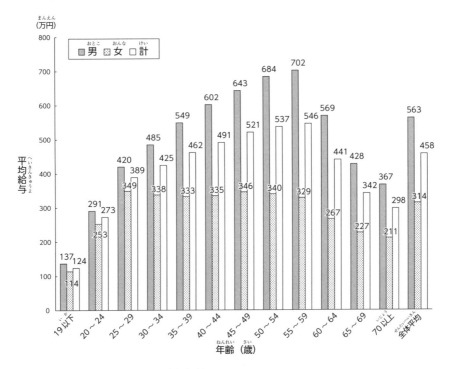

国税庁令和4年分民間給与実態統計調査

2 外国人留学生の就職状況

（1）外国人留学生の就職者数

2018年度5月1日現在で日本の留学生数は約30万人となっており、10年前と比較

すると2倍以上に増加しています。

一方で、過去10年間の日本で就職をしている外国人留学生数【図4】は、外国人留学生の就職者数が約2.9倍に増加していることを示しています。

しかし、日本での就職は日本人学生の就職率ほどは高くなく、簡単ではありません。

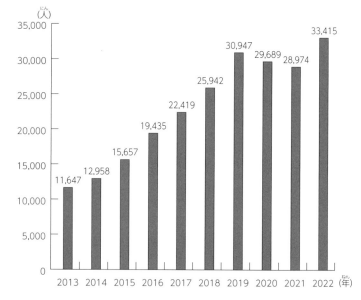

【図4】外国人留学生の就職者数

出入国在留管理庁「令和4年における留学生等の日本企業等への就職状況について」

（2）外国人留学生の就職先規模

留学生が、どれくらいの規模の企業に就職しているか【図5】については、従業員が2,000人以上の規模の会社に就職している学生は10.1％となっており、多くの学生が、従業員が50人未満の企業規模に就職しているのが分かります。

日本の中小企業は、大企業の下請けの役割を果たすだけではありません。世界ナンバーワンの技術やトップシェアを持っている優良企業が多数あります。会社の規模だけでなく、企業の事業内容を研究することで就職の幅を広げることができます。また、日本では大企業と中小企業で初任給の額は21万程度とほぼ変わりがありません。

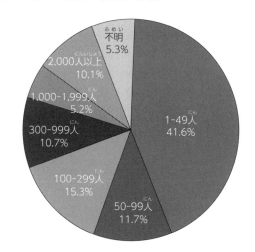

【図5】就職先の従業員規模

不明 5.3%
2,000人以上 10.1%
1,000-1,999人 5.2%
300-999人 10.7%
100-299人 15.3%
50-99人 11.7%
1-49人 41.6%

出入国在留管理庁「令和4年における留学生等の日本企業等への就職状況について」

（3）外国人留学生の就職先業種

就職先の業種については、ものを作る企業（製造業）に就職している学生が約18%。ものを作らない企業（非製造業）に就職している学生が約80%を占めています。

一番多いのは、卸売業・小売業に関わる業種で二番目が学術研究、専門・技術サービス業、三番目が情報通信業、四番目が宿泊業という順番になっています。

【図6】就職先の業種

業種	構成比
金属製品	2.7%
食料品	2.0%
電気機械器具	1.9%
輸送用機械器具	1.4%
プラスチック製品	1.3%
生産用機械器具	1.0%
繊維工業	0.5%
その他	4.4%
製造業小計	15.2%

業種	構成比
卸売業・小売業	19.3%
学術研究、専門・技術サービス業	8.4%
情報通信業	7.8%
宿泊業	6.5%
職業紹介・労働者派遣業	6.4%
医療・福祉業	5.7%
飲食サービス業	5.7%
教育	4.1%
建設業	3.1%
不動産・物品賃貸業	2.9%
運輸・信書便事業	1.5%
金融・保険業	0.7%
その他	12.5%
非製造業小計	84.4%

出入国在留管理庁「令和4年における留学生の日本企業等への就職状況について」

（4）企業における外国人材採用動向

近年、日本では多様な人材を活用して企業の競争力を高めようとするダイバーシティ推進の動きが活発化しています。特に、海外進出や海外企業との取引の増加に伴い、

【図7】外国人社員の有無（2018年度）

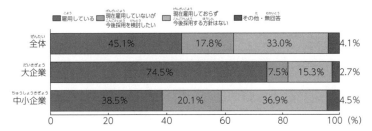

	雇用している	現在雇用していないが今後採用を検討したい	現在雇用しておらず今後採用する方針はない	その他・無回答
全体	45.1%	17.8%	33.0%	4.1%
大企業	74.5%	7.5%	15.3%	2.7%
中小企業	38.5%	20.1%	36.9%	4.5%

日本貿易振興機構（JETRO）「2018年度日本企業の海外事業展開に関するアンケート調査」

外国人を積極的に採用しようとする日本企業の動きはますます顕著になってきています。

【図7】の調査は、海外ビジネスに関心の高い日本企業に向けて行った外国人社員の有無についてのアンケート調査ですが、外国人社員を雇用している

企業は45.1%、現在雇用していないが今後採用の検討をしている企業が17.8%となっており、約60%の企業が雇用もしくは雇用を検討しているという結果でした。この調査は毎年実施されているのですが、年々雇用もしくは雇用を検討している企業の割合は増加しています。

　一方で【図8】の円グラフは、従業員数に占める外国人の比率ですが、約70%の企業は5％以下となっており、日本企業は、外国人採用を行う企業は増加しているが1社当たりの採用数はまだまだ少ないということが分かります。

【図8】従業員数に占める外国人の比率（2018年度）

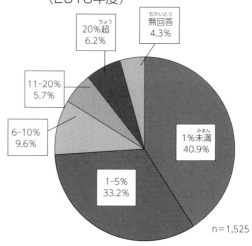

n＝1,525

日本貿易振興機構（JETRO）「2018年度日本企業の海外事業展開に関するアンケート調査」

　これまで、外国人採用は、自動車・電機産業を中心とした製造業が先行していましたが、外国人観光客の増加や巨大な市場を求めて海外市場に展開する小売業やサービス業などの非製造業でも急速に広がってきています。また、最近では大企業のみならず、中小企業も積極的に海外展開を行う流れになってきており、販路拡大や海外との円滑なコミュニケーション、組織の活性化のために外国人材の採用に積極的な企業は増えています。

（5）日本企業の外国人材採用理由

　日本企業による留学生の採用目的は、大きく3つに分類されます。
　まず一つ目は、「国籍に関係なく優秀な人材を求める」という採用方針です。大企業、中小企業問わず、【図9】のグラフで分かるとおり多くの企業が採用目的としています。
　二つ目は、ブリッジ要員としての採用です。ブリッジ要員とは海外との架け橋となる人材のことです。主に海外に進出している企業や取引をしている企業、また、海外からの外国人観光客の受け皿となる企業などが出身国と日本の事情に明るく、双方の言語を使える人材に「母国と日本との良好な関係構築への貢献」の期待をす

るものです。その成果として、その国の文化や慣習などの情報を得ることが可能となったり、採用した人材の人脈やネットワークを活用することにより海外でのビジネス展開を優位に進めたり、高い言語能力や商慣習の理解により、海外取引先や現地法人、訪日外国人との円滑なコミュニケーションを行うことを期待しています。

三つ目は、ダイバーシティ要員としての採用です。ダイバーシティ要員とは、文化背景の異なる人材のことです。主に大企業が多様な背景をもつ人材を社内に取り込むことにより、組織活性化を目的としています。外国人材の仕事への姿勢や取り組み方により同年代社員への刺激や管理職への指導力の育成や、多国籍な付加価値の商品やサービスを作り出すことを期待しています。

【図9】外国人材の採用目的

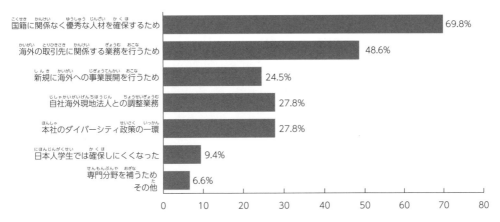

株式会社クオリティ・オブ・ライフ「2012年日本企業における高度外国人材の採用・活用に関する調査」

（6）日本企業が採用する学籍

企業の採用ニーズが高い学籍は、修士卒の理系、学部卒の文系・理系である一方で博士卒の文系・理系が低いという傾向があります。

その理由は、日本企業は、入社時の即戦力となる人材よりも、入社後の社内教育で戦力化することに重点をおく雇用文化があります。博士を修了し、ある程度の年齢を重ねた人材には、「専門分野に固執しすぎて視野が狭い」「入社時の年齢が高く、配属や管理で扱いにくい」などと考える傾向があり、企業側のニーズが減少しています。

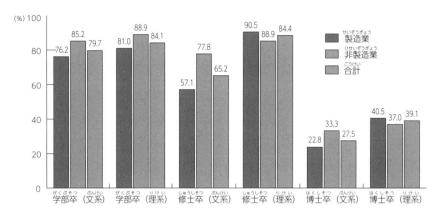

【図10】外国人留学生の採用予定

株式会社クオリティ・オブ・ライフ「2012年日本企業における高度外国人材の
採用・活用に関する調査」

（7）企業が採用時に重視する能力

　企業の留学生の採用において、最も重視される能力は、「日本語能力」です。次
に「コミュニケーション能力」を重要視します。

【図11】外国人留学生の採用時に重視すること

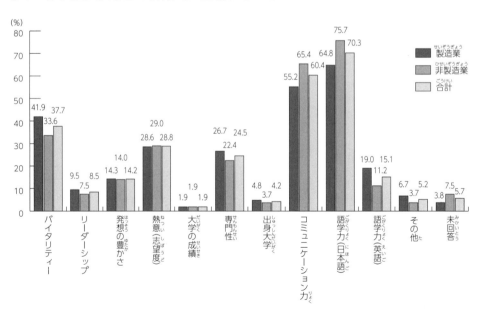

株式会社クオリティ・オブ・ライフ「2012年日本企業における高度外国人材の採用・活用に
関する調査」

その他に比較的高い数値では、「バイタリティー」も重要視されます。「バイタリティー」とはさまざまな苦難や障害を乗り越えていくような力強さを持った人のことです。最近のおとなしい日本人学生にはない特性を望む企業が多いようです。また「熱意（志望度）」と回答した企業も30%程度あり、どれだけ対象の企業に入社したいかをアピールをする必要があります。業種別では、製造業は「バイタリティー」「専門性」、「英語力」が重視される傾向があります。

（8）採用時に求められる日本語能力と英語能力

留学生の就職活動において、最も企業が注目している点が日本語能力です。就職活動においては、必ずエントリーシートの提出、面接というステップを踏まなければなりませんが、特に企業は採用にあたり面接を重要視するため、面接時に必要とされる「聞く力」、「話す力」がなければ内定を獲得することは難しくなります。

【図12】では、企業が採用時に求める日本語能力を調査したものです。日本語能力試験N1以上が約8割を占め、内6割以上が日本語能力試験N1では計れ

【図12】採用時に求める日本語コミュニケーションレベル

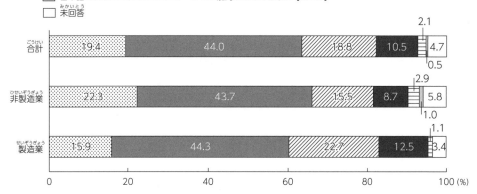

株式会社クオリティ・オブ・ライフ「2012年日本企業における高度外国人材の採用・活用に関する調査」

ないさらに上位の能力が必要とされています。

　また、就業後に企業から求められる日本語力は、職種によって２つに分けられます。１つは主に理系の技術系職種、研究職に多い、社内のコミュニケーション能力があれば可とするものです。具体的には、漢字圏の学生は日本語能力試験N2以上、非漢字圏の学生は N3以上は最低限必要です。２つ目は文系の営業総務職に多い、社外のクライアントや協力会社、顧客との打ち合わせや営業でのコミュニケーション能力であり、大学での日常会話と違いビジネスシーンで使用する日本語となるため、尊敬語・謙譲語・丁寧語の使い分けやビジネス用語、日本企業文化を理解した上でのビジネスマナーなどが必要とされ、高い日本語能力が要求されます。具体的には、漢字圏の学生は日本語能力試験 N1、非漢字圏の学生は最低限 N2以上が必要となります。

　一方で近年、日本企業のグローバル化に伴い日本人学生を含めて英語能力を求める企業が増加しています。日本の企業はビジネスシーンでの英語能力を測定するツールとして TOEIC を指標としている企業が多いようです。【図13】を見ると、幅広いビジネス場面で英語による適切なコミュニケーションをとることができる

【図13】採用時に求める英語コミュニケーションレベル

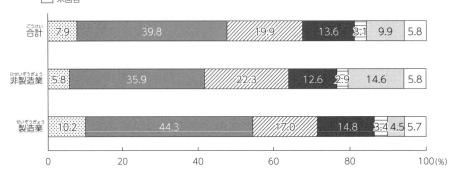

株式会社クオリティ・オブ・ライフ「2012年日本企業における高度外国人材の採用・活用に関する調査」

TOEIC730点以上を求める企業が約半数となっています。特に大企業を志望する学生は日本語能力、英語能力ともに高いレベルを要求される傾向があるため準備が必要となります。

3 新卒採用のスケジュール

　日本の企業は、卒業予定の学生を一括して求人し、在学期間中に採用試験を行います。多くの企業で同じ採用スケジュールで採用活動を行います。そのため、採用のタイミングは年に1度となるので、採用の時期を逃すと就職が難しくなります。

　日本の就職活動は、2024年現在、最終学年の一つ前の学年（学部3年生、修士1年生、博士2年生）の3月1日から開始され、終了が6月以降となります。日本の就職活動は、早期に始まり、4か月という長い期間で行われる特徴があります。

【就職活動のスケジュール】

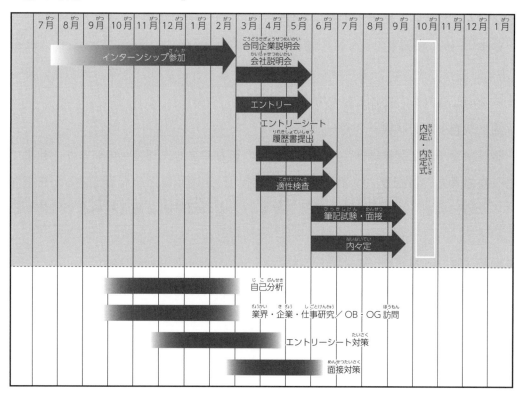

| 7月 | 8月 | 9月 | 10月 | 11月 | 12月 | 1月 | 2月 | 3月 | 4月 | 5月 | 6月 | 7月 | 8月 | 9月 | 10月 | 11月 | 12月 | 1月 |

インターンシップ参加
合同企業説明会
会社説明会
エントリー
エントリーシート
履歴書提出
適性検査
筆記試験・面接
内々定
内定・内定式
自己分析
業界・企業・仕事研究／OB・OG訪問
エントリーシート対策
面接対策

（1）就職活動の手続きと採用試験

①エントリー（3月〜5月）

　「エントリー」とは、個々の企業への資料請求や情報提供の申し込みのことです。エントリーをすると、その企業の採用情報や企業情報、説明会の案内などがメールや郵送などで届きます。エントリーは、就職情報サイト（求人情報や合同企業説明会などの情報が掲載されているサイト）や各企業のホームページ、合同企業説明会などで行うことができます。

②合同企業説明会／会社説明会（3月〜5月）

　就職活動が開始された直後から実施されるのが、「合同企業説明会／会社説明会」です。合同企業説明会や会社説明会へ参加して、企業のホームページで公表されていない内容の説明を聞いたり、採用担当者へ質問をしたりすることにより、その企業の詳細な情報を入手することが可能となります。企業が単独で開催するのが会社説明会、複数の企業が合同で開催するのが合同企業説明会です。

③エントリーシート提出（3月〜6月）

　就職活動の試験において、最初に行われるのがエントリーシートの提出（書類試験）です。エントリーシートを提出することにより、企業への採用試験へ正式な申し込みをしたことになります。

④適性検査・筆記試験（3月〜）

　適性検査や筆記試験は学生が一定レベルの知力や学力に到達しているか、仕事で必要な思考力や判断力、作業の速さ、処理能力、正確さなどを有しているかを把握するために実施されます。また応募者が多い企業の効率的な選考材料として使われています。

⑤面接試験（6月〜）

　日本の面接試験は、ひとつの企業で3回以上実施されるのが一般的です。複数回実施する理由は、応募者の性格や思考などをさまざまな立場の人が見ることにより、その企業にとってよい人材かどうかを見極めるためです。

⑥内々定・内定（6月〜）

　最終選考を終えて、企業から採用の意思を伝えるのが内々定（仮の合格通知）です。第一報は電話で伝えられることも多いようですが、その後、「内定通知書」が

送付されます。すでに就職を希望する他社から内定を得ている場合やその企業に入社する意思がない場合は、早めに誠意をもって辞退を申し入れましょう。その後10月に正式な内定（正式な合格通知）となります。

（2）就職活動の準備

①自己分析

　自己分析とは、自分の長所や短所、好き嫌い、専門や能力、興味、将来の夢、価値観、人生観について、あらためて自分に問いかけ、整理してみることです。自分に向いている仕事ややりたい仕事を見つけるため、エントリーシートや面接で自分を上手にアピールするために行う準備です。

②業界・企業研究

　「業界」とは、活動内容で産業を分類したものです。希望する企業選びのための第一歩が「業界・企業研究」です。自分が希望する業界や企業を見つけるため、エントリーシートや面接で回答する志望動機を明確にするため、自分の長期的なキャリアビジョンと仕事や人生において自分のなりたい姿とあっているかを考えるために行う準備です。

③OB・OG訪問

　希望の企業で働く大学の先輩や交友関係の知り合いを訪問して、その企業についてホームページだけではわからない情報を収集することです。会社説明会などのオフィシャルな場では聞きづらい質問などを行うことで希望企業の理解が深まります。

④エントリーシート・面接対策

　採用試験であるエントリーシートの作成や面接への対策を行うための準備です。
　対策の詳細については、「5）採用試験」で説明します。

（3）転職活動のスケジュール

　転職には、退職後に転職活動を行う場合と退職前に転職活動を行う場合の2種類があります。一般的には新しい仕事を決めてから退職するケースが多いようです。一般的に、転職活動にかかる期間の目安は3～6か月といわれています。

①転職の目的を決める

　転職を行う際は何のために転職するのか、目的を明確にするとスムーズに仕事を

155

探すことができます。例えば、「給与アップを狙う」「責任あるポジションに就く」「ワークライフバランスを整える」といった、転職の目的や目標の具体的なイメージを定めると、自分がどのような会社を選ぶべきなのかが見えてきます。

中途採用は新卒採用と違い、年齢が高くなればなるほど、企業はこれまでの職務経験や実績を重視した採用を行います。企業が転職者に求める期待値に対して、自分ならどのような貢献ができるのか、経験やスキル、強み、実績など整理しておく必要があります。

②転職先候補を探す

企業探しは、自分で企業のホームページや転職サイトなどで探す方法と転職エージェントに登録しエージェントに探してもらう方法の2種類があります。転職サイトは、企業の求人が掲載されていて自分で応募する形式のサイトです。転職エージェントとは、自分のプロフィールや希望を登録しておくとエージェントが候補の企業を紹介してくれるサービスです。転職サイトや転職エージェントは複数のものを利用することにより、より多くの情報を得ることが可能となります。

③応募書類の提出

転職活動の応募書類については、新卒採用と違い「履歴書」と「職務経歴書」の2種類が必要となります。職務経歴書は、応募者が過去に従事した職務の具体的な内容や、職務上の役職・ポジションをまとめた書類です。「履歴書」と「職務経歴書」は新卒採用の「エントリーシート」と違い、企業ごとに存在するわけではなく、必要な項目を満たしていればどのようなフォーマットのものでもかまいません。一般的なフォーマットのものがインターネットで検索するとダウンロードできます。応募書類を提出することにより、企業の採用試験へ正式な申し込みをしたことになります。

④適性検査・筆記試験

適性検査や筆記試験は応募者が一定レベルの知力や学力に到達しているか、仕事で必要な思考力や判断力、作業の速さ、処理能力、正確さなどを有しているかを把握するために実施されます。

⑤面接試験

転職における面接試験は、基本的には、個別面接の形式が多いです。一つの企業で2回以上実施されるのが一般的です。また、転職面接では、入社条件（給与、

業務内容、ポジション、入社日）など、企業側から提示された条件を確認することが必要となります。

⑥内定

　最終選考を終えて、企業から採用の意思を伝えるのが内定です。複数の企業の選考を同時に受けている場合は、返事をいつまでに行えばよいのか確認しておくとよいでしょう。入社する意思がないときには、早めに誠意をもって辞退を申し入れましょう。

⑦退社準備

　民法では、労働者は2週間前までに退職の意思を会社に伝えれば辞めることができるとされていますが、退職希望日の1か月前までに上司に伝えるのが一般的です。会社ごとの就業規則により退職の際の予告期間が記載されているので、規定を踏まえて適切なタイミングで辞める意思を伝えましょう。退職日が決まったら、退職届を出し、税金や各種社会保険の手続き、会社から貸与された備品の返却、後任への業務の引き継ぎなどを行います。また、退職の手続きのほかに業務の引き継ぎや、後任とのあいさつ回りなどやるべきことを整理し、退職日と最終出社日を調整しましょう。

4 求人情報収集

　多くの企業は、求人情報を、インターネットの求人サイトで公開します。新卒採用と中途採用で使用するサイトが異なるので注意しましょう。また、新卒採用については、同じサイトでも年号が2つに分かれている場合があります。自分の卒業年に該当する年号のサイトを選択するようにしましょう。例：2025年3月卒業であれば「2025」

　次のページは代表的な求人サイトです。これ以外にもいろいろなサイトがあります。

【新卒採用】

 マイナビ 株式会社マイナビ	 リクナビ 株式会社リクルート
 キャリタス就活 株式会社ディスコ	 あさがくナビ 株式会社学情

【中途採用】

■外国人採用に特化したサイト

 Daijob.com ※ ヒューマングローバルタレント株式会社	 Jobs In Japan Spectrum Consulting Japan 合同会社
 GaijinPot Jobs 株式会社ジープラスメディア	 CareerCross ※ 株式会社シー・シー・コンサルティング

※は転職エージェントサービスも行うサイトです。

■外国人材に特化した転職エージェント

 ORIGINATOR	 RANDSTAD
 NEXT IN JAPAN NINJA	 外国人雇用サービスセンター※

※外国人雇用サービスセンターは公的な機関で外国人向けの職業紹介を行っています。

5 採用試験

　日本の企業では、新卒採用、中途採用ともに書類選考と面接試験はどの企業でも実施されます。一部の企業では、数学や国語、英語などの筆記試験を行うことがあります。これらの試験には知っておくべきルールやマナー、事前の準備、対策が必要となります。ここではそれぞれがどのような試験なのかを説明します。

（1）書類選考
　就職活動の試験において、最初に行われるのが書類選考です。書類選考で提出する書類は、3つに分類することができます。新卒採用と中途採用では提出する書類が異なります。

区分	名称	内容
新卒／中途	履歴書	住所・連絡先などの情報、簡易な学歴、職歴、資格、趣味、特技、健康状態など
新卒	エントリーシート	住所・連絡先などの情報、簡易な学歴、資格、作文（長所、力を入れた学業、志望理由など）
中途	職務経歴書	詳細な職歴（業務内容、実績、職位、スキルなど）

①履歴書

　履歴書は、生年月日や住所、連絡先、学業や職業の経歴、免許や資格など人物の状況を記した新卒採用、中途採用共に提出の必要がある書類です。フォーマットは文房具店やインターネットからのダウンロードなどで入手することができます。新卒採用の場合は、大学の専用書式が学内で販売されていることが多いようです。

②エントリーシート

　新卒採用で提出を求められるのが、「エントリーシート」です。エントリーシートを提出することにより、企業への採用試験へ正式な申し込みとなります。

　エントリーシートの特徴は、企業ごとにフォーマットが異なる点と「企業を志望する理由」や「学生時代に力を入れたこと」などの日本語の作文を書く必要がある点などが挙げられます。

　エントリーシートにおいて、決められた文字数（200文字や400文字程度）で企業からの設問に回答することが、日本の就職活動を経験した留学生が就職活動で一番苦労したことであったという感想をよく聞きます。

【履歴書の書き方】

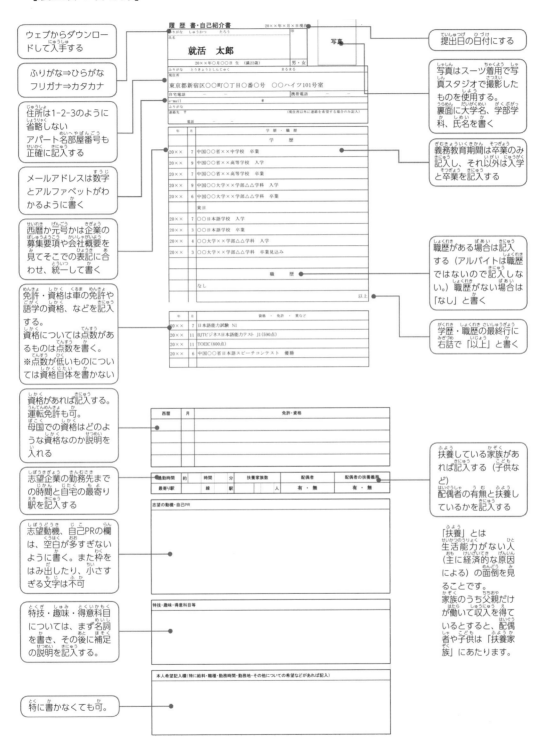

ウェブからダウンロードして入手する

ふりがな⇒ひらがな
フリガナ⇒カタカナ

住所は1-2-3のように省略しないアパート名部屋番号も正確に記入する

メールアドレスは数字とアルファベットがわかるように書く

西暦か元号かは企業の募集要項や会社概要を見てそこでの表記に合わせ、統一して書く

免許・資格は車の免許や語学の資格、などを記入する。
資格については点数があるものは点数を書く。
※点数が低いものについては資格自体を書かない

資格があれば記入する。
運転免許も可。
母国での資格はどのような資格なのか説明を入れる

志望企業の勤務先までの時間と自宅の最寄り駅を記入する

志望動機、自己PRの欄は、空白が多すぎないように書く。また枠をはみ出したり、小さすぎる文字は不可

特技・趣味・得意科目については、まず名詞を書き、その後に補足の説明を記入する。

特に書かなくても可。

提出日の日付にする

写真はスーツ着用で写真スタジオで撮影したものを使用する。
裏面に大学名、学部学科、氏名を書く

義務教育期間は卒業のみ記入し、それ以外は入学と卒業を記入する

職歴がある場合は記入する（アルバイトは職歴ではないので記入しない。）職歴がない場合は「なし」と書く

学歴・職歴の最終行に右詰で「以上」と書く

扶養している家族があれば記入する（子供など）
配偶者の有無と扶養しているかを記入する

「扶養」とは生活能力がない人（主に経済的な原因による）の面倒を見ることです。
家族のうち父親だけが働いて収入を得ているとすると、配偶者や子供は「扶養家族」にあたります。

履歴書・自己紹介書の記入例

氏名 就活 太郎

20××年○月○○日生 （満22歳） 男・女

現住所 東京都新宿区○○町○丁目○番○号 ○○ハイツ101号室

学歴・職歴

年	月	学歴
20××	7	中国○○省××中学校 卒業
20××	9	中国○○省××高等学校 入学
20××	7	中国○○省××高等学校 卒業
20××	9	中国○○大学××学部△△学科 入学
20××	6	中国○○大学××学部△△学科 卒業
		来日
20××	7	○○日本語学校 入学
20××	3	○○日本語学校 卒業
20××	4	○○大学××学部△△学科 入学
20××	3	○○大学××学部△△学科 卒業見込み

		職歴
		なし
		以上

年	月	資格・免許・賞など
20××	7	日本語能力試験 N1
20××	11	BJTビジネス日本語能力テスト J1（590点）
20××	11	TOEIC（800点）
20××	6	中国○○省日本語スピーチコンテスト 優勝

西暦	月	免許・資格

通勤時間	約	時間	分	扶養家族数	配偶者	配偶者の扶養義務
最寄り駅		線	駅	人	有・無	有・無

志望の動機・自己PR

特技・趣味・得意科目等

本人希望記入欄（特に給料・職種・勤務時間・勤務地・その他についての希望などがあれば記入）

161

【エントリーシートの書き方】

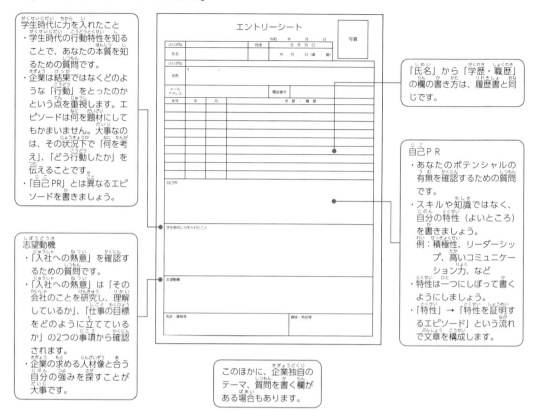

学生時代に力を入れたこと
・学生時代の行動特性を知ることで、あなたの本質を知るための質問です。
・企業は結果ではなくどのような「行動」をとったのかという点を重視します。エピソードは何を題材にしてもかまいません。大事なのは、その状況下で「何を考え」、「どう行動したか」を伝えることです。
・「自己PR」とは異なるエピソードを書きましょう。

志望動機
・「入社への熱意」を確認するための質問です。
・「入社への熱意」は「その会社のことを研究し、理解しているか」、「仕事の目標をどのように立てているか」の2つの事項から確認されます。
・企業の求める人材像と合う自分の強みを探すことが大事です。

「氏名」から「学歴・職歴」の欄の書き方は、履歴書と同じです。

自己PR
・あなたのポテンシャルの有無を確認するための質問です。
・スキルや知識ではなく、自分の特性（よいところ）を書きましょう。
例：積極性、リーダーシップ、高いコミュニケーション力、など
・特性は一つにしぼって書くようにしましょう。
・「特性」→「特性を証明するエピソード」という流れで文章を構成します。

このほかに、企業独自のテーマ、質問を書く欄がある場合もあります。

【エントリーシートの質問の例】

・あなたの性格を食べ物にたとえて400文字で教えてください（食品）
・あなたは入社後にどのような仕事をして会社に貢献したいと考えていますか（商社）
・学生時代に一番がんばったことを例に、あなたが弊社に必要な理由を教えてください（機械）
・これまでの人生で失敗したことから学んだことを教えてください（商社）
・3億円あったら、世界平和のために何がしたいですか（情報・通信）

【エントリーシートの対策】

　エントリーシートの作文において企業が確認したい点は、応募者がこれまでの自分の活動においてどのように考え、行動してきたのか、また将来についてどのように考えているか、などです。そのため自分自身の特性や経験をふりかえることが

重要です。また、志望する企業についてもよく調べ、なぜその企業に入社したいのかを考えましょう。

　作文を作成するためには時間がかかります。学校の研究などと両立するためには、早めに少しずつ作文を作成し、学校のキャリア支援部署に相談しながら校正していくなど早めの準備をしましょう。

③職務経歴書

　職務経歴書とは、これまでの業務経験や得意なスキルなどをまとめた書類です。

　履歴書のように定型のフォーマットはありませんが、A4サイズ1〜2枚分でまとめるのが一般的です。主な記載事項としては、履歴書よりも詳細な職歴、今まで勤務してきた会社の概要、スキル・知識、自己PRなどがあります。

【職務経歴書の書き方】

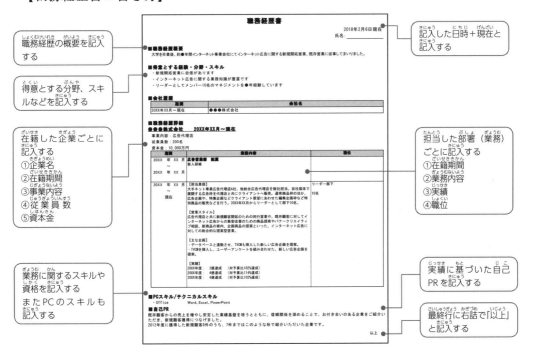

- 職務経歴の概要を記入する
- 得意とする分野、スキルなどを記入する
- 在籍した企業ごとに記入する
  ①企業名
  ②在籍期間
  ③事業内容
  ④従業員数
  ⑤資本金
- 業務に関するスキルや資格を記入する また PC のスキルも記入する
- 記入した日時＋現在と記入する
- 担当した部署（業務）ごとに記入する
  ①在籍期間
  ②業務内容
  ③実績
  ④職位
- 実績に基づいた自己PRを記入する
- 最終行に右詰で「以上」と記入する

（2）筆記試験

　筆記試験は学生が一定レベルの知力や学力に到達しているか、仕事で必要な思考力や判断力、作業の速さ、処理能力、正確さなどを有しているかを把握するために実施されます。また、応募者が多い場合の効率的な選考材料として使われてい

ます。

　筆記試験は、基本的に日本語での出題となり、日本語の読解力が必要となります。

　各企業独自で作成して行う場合もありますが、多くの企業は就職試験の開発会社が作成し運営している試験を利用しています。

①筆記試験の種類

　試験には、「適性試験」、「一般常識試験」、「作文・小論文」などがありますが、一般的に多くの企業が実施しているのが、「適性試験」です。適性試験には、次の表のとおりいろいろな試験があり、日本語や英語の言語系の問題や数学系の問題が出題されます。問題自体の難易度はさほど高くないものの、短い時間で多くの問題を正確に解いていくことが必要となるので準備が必要となります。

適性検査

適性検査は「能力適性検査」、「性格適性検査」、「総合適性検査」の3つがあります。

1．能力適性検査
基礎学力や基礎知識などを把握するために行われます。

2．性格適性検査
基本的な性格・行動特性や職務適性などを把握するために行われます。

3．総合適性検査
「能力適性検査」と「性格適性検査」を両方行う検査です。
総合適性検査は、最も多くの企業で実施されています。

一般常識試験

国語、数学、社会、理科、英語、スポーツ、時事問題など幅広い範囲から出題されます。
基礎学力や基礎知識があるかどうかを把握するために行われます。普段から新聞を読むなどの準備が必要です。

作文・小論文

論理的思考、視点、創造力、情報収集力などを把握するために行われます。
制限時間と文字数制限があるので、わかりやすく簡潔に書くことがコツです。普段から日本語の文章を書くなどの準備が必要です。

検査名称	実施会社	問題構成
SPI3	リクルートマネジメントソリューションズ	言語・非言語・性格検査
CAB	日本SHL	暗算・法則性・命令表・暗号・OPQ
GAB	日本SHL	言語・係数・OPQ
玉手箱	日本SHL	計数、言語・英語・パーソナリティ
SCOA	NOMA総研	言語・数理・理論・英語・常識・パーソナリティ
TG-WEB	ヒューマネージ	言語・係数、適性検査

OPQ：(Occupational Personality Questionnaires) 仕事に関係するパーソナリティ

②筆記試験への対策

　まずは、自分が志望する企業が利用している適性検査の種類を調べることです。大企業や人気企業は、「就職四季報」や適性検査の対策本などの書籍で、利用されている適性検査の種類の過去の実績が確認できます。また、そのほかの企業については、所属する学校のキャリアセンターにある先輩の報告資料で確認することができます。

　次に、適正検査の問題の種類と解き方に慣れることです。検査の種類と出題される問題の種類の傾向を知り、慣れておくことが必要です。書店で販売されている

適性検査の対策本やインターネットで利用できる問題集などで練習しましょう。

　あとは、適性検査の制限時間に慣れることです。適性検査の難しさは、短い時間で多くの問題を解いていかなければならないことです。効率よく問題を解いていく必要があるので、練習のときから常に時間を意識して、制限時間に慣れることが大事です。

（3）面接試験

　面接試験については新卒採用では、一つの企業で3回以上実施されるのが一般的です。複数回実施する理由は、応募者の性格や思考などをさまざまな立場の人に見てもらい、その企業にとって良い人材かどうかを見極めるためです。

　また、日本の面接にはいろいろな形態の面接があります。一般的に多くの企業が実施しているのが「グループディスカッション」、「グループ面接」、「個人面接」の3つの種類です。

　一方で中途採用については、個人面接で行われることが多いようです。面接の回数についても2回から3回程度が多いようです。

【面接での質問例】

■新卒採用

・当社の商品を利用したことがありますか。また、どのような印象を持っていますか。

・会社や仕事に期待することは何ですか。

・日本に留学した理由（日本の企業に就職したい理由）を教えてください。

・日本でどれぐらいの期間、就労したいと考えていますか。

■中途採用

・転職、退職理由を教えてください。

・転職回数が多いですが、理由を教えてください。

・どれぐらいの年収を希望しますか。

・当社ではどのようなスキルを活かしてどのような仕事に取り組みたいですか。

①主な面接の形式

【グループディスカッション】

　4人から6人の集団を1グループとして、企業から与えられたテーマについてグループ内で討議する面接です。

　その様子を面接官が客観的に見て評価します。集団において、個人がどのようなパフォーマンスを見せるかを確認する目的で行われます。

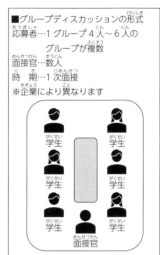

■グループディスカッションの形式
応募者…1グループ4人〜6人のグループが複数
面接官…数人
時　期…1次面接
※企業により異なります

【グループ面接】

　複数の応募者を同時に面接する方式です。応募者数が多い企業が、個人面接が可能な人数まで応募者を絞りこむために実施します。

　グループ面接には「1人あたりの回答時間が短い」、「他の志望者と比較される」など、個人面接にはない特徴があります。面接の内容については、事前に提出した、エントリーシートや履歴書をもとに、面接官が応募者に質問をし、応募者が順番に回答します。

■グループ面接の形式
応募者…数人（2人〜6人）
面接官…数人
時　期…1次面接、2次面接
※企業により異なります

【個人面接】

　グループ面接と異なり1人にじっくり時間をかけて特性を把握する目的で実施します。

　面接官は、質問に対する回答はもちろん、応募者の態度や姿勢、表情、話し方までチェックしています。

　エントリーシートや履歴書をもとに、面接官が応募者に質問をし、回答します。

　最初は履歴書やエントリーシートの内容について聞かれ、その後、その内容について詳しく把握するための質問を受けます。

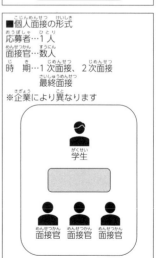

■個人面接の形式
応募者…1人
面接官…数人
時　期…1次面接、2次面接最終面接
※企業により異なります

②服装の注意点
■男性

・清潔感のある髪型
・自然な色、染めた髪や長髪は印象が悪い
・寝ぐせや肩のフケに気をつける

・ネクタイは派手なものは避ける
・ネクタイはきちんと結ぶ

・シャツは白が基本
・首回りやそでの長さが合っているシャツを選ぶ
・シャツの下に柄物や色の濃いTシャツを着ない
・えりやそで口の汚れに気をつける

・黒が基本
・A4サイズの書類が入る大きさが便利
・柄物やバックパックなどは避ける

・黒の革靴
・かかとがすり減っていないか気をつける
・靴はしっかり磨いておく

・メガネはカラフルなフレームは避ける
・髭はそって清潔に
・香水はつけない
・口臭に気をつける

・黒・紺・グレーが基本
・ダブルではなくシングル
・肩幅、袖丈、スラックスの長さがあっているものを選ぶ
・コートは黒・紺・グレー・ベージュが基本
・シワやしみがないか気をつける
・スーツの一番下のボタンはとめない

・時計は派手なものは避ける
・採用試験中は携帯電話で時間を確認しない
・爪は短く切る

・太さは標準のものを選ぶ
・すそはシングルが基本
・ベルトは靴と同じ色を選ぶ
・折り目はきちんとプレスする
・シワやシミに気をつける

■女性

・清潔感のある髪型
・前髪が顔を隠さないようにする
・自然な色。染めた髪は印象が悪い
・長い髪は1つにまとめる
・寝ぐせに気をつける

・ブラウスは白が基本
・装飾がついていないものを選ぶ
・胸元が開きすぎないように
・えりやそで口の汚れに気をつける

・黒が基本
・A4サイズの書類が入る大きさが便利
・柄物やバックパックなどは避ける

・ストッキングは肌色の無地が基本
・素足はNG
・伝線していないか気をつける

・黒の革靴
・ヒールは3～5cmのパンプスが基本
・靴はしっかり磨いておく

・自然なメイク
・派手なメイクは避ける
・口紅は濃い色を使わない
・メガネはカラフルなフレームは避ける
・香りのきつい香水は避ける

・黒・紺・グレーが基本
・ダブルではなくシングル
・スーツは上下同じ色
・肩幅・袖丈・スカート・スラックスの長さがあっているものを選ぶ
・コートは黒・紺
・シワやしみがないか気をつける

・時計は派手なものは避ける
・採用試験中は携帯電話で時間を確認しない
・アクセサリーはつけないただしシンプルなピアスであれば可
・爪は短く切る
・派手なマニュキュアやネイルアートは避ける

・スカート丈は立った時にひざが半分かくれるくらいの長さ
・スラックスのすそはシングルが基本
・折り目はきちんとプレスする
・シワやシミに気をつける

③面接の流れ

1. 事前準備

☑企業のホームページを読んで理解する（経営理念・事業内容・採用情報）

☑参加する企業について予習する（業界での位置づけ、同業他社との比較）

☑企業の最新動向に関するニュースを確認する

☑企業の連絡先、担当者名を手帳に控えておく（急なトラブルに対応するため）

☑企業の場所の地図と交通機関を調べておく

☑面接の際は提出した書類の控えを再度確認し質問に回答する準備をする

☑聞きたいこと（質問）を準備しておく

☑筆記用具、ハンカチ、手帳、提出書類などの忘れ物がないように事前に準備する

☑身だしなみを整えておく（髪型、メイク、爪、ひげ、靴の汚れ）

☑約束の時間に余裕をもって訪問する。特に初めて行く場所は迷いやすいので注意する

2. 企業訪問

【建物に入る前】

■遅刻は厳禁です。約束の時間の10分前には到着するようにしましょう。

■身だしなみの確認をしましょう。

（髪、メイク、ネクタイ、シャツやスーツのボタン、靴）

■コートは建物の外で脱いで腕にかけましょう。

■携帯電話の電源を切りましょう。

【受付】

■明るくさわやかな笑顔と聞き取りやすい声のトーンで、名乗りましょう。

■受付では、大学名、学部名、氏名を名乗り、用件を伝えましょう。

例）「おはようございます（こんにちは）

私、○○大学○○学部の○○と申します。

本日○○時からの面接（会社説明会）に参りました。
どうぞよろしくお願いいたします。」

【控室】

■カバンは机などにおかず、足元に置きましょう。

■控え室では静かに座って待ちましょう。

（着席の姿勢）

・女性は足を閉じて、手は膝の上にそろえま
しょう。

・男性は足を軽く開いて座り、手は軽く握りも
もの上におきましょう。

■採用試験の場合、周囲の人とは話さないよう
にしましょう。

■控え室から勝手に出ないようにしましょう。トイレに行きたいときなどは必ず
企業の担当の方に声をかけてから行きましょう。

３．面接の流れ

【入室】

■室内の面接官に聞こえるようにゆっくりとド
アを３回ノックします。

■入室の際に「失礼します」と、元気に挨拶を
してからおじぎをしましょう。おじぎをする
際は、一度面接官を見てから行いましょう。

■ドアを閉める際は静かに行いましょう。グ
ループ面接の際は、最後に入った人がドアを
閉めます。

失礼します

■面接室の外での私語は厳禁です。ドアが閉まっ
ていても、室内の人には声が聞こえている場合
がありますので気をつけましょう。

【挨拶】

■明るくさわやかな笑顔と聞き取りやすい声の
トーンで、自分の名前を名乗り、おじぎをしま

○○と申します
よろしくお願い
いたします

しょう。

「私、〇〇大学〇〇学部から参りました〇〇と申します。どうぞよろしくお願いいたします。」

■着席のタイミングについては、面接官から「どうぞ」と言われた後に、「失礼します」と言ってから着席するようにしましょう。

【座り方・姿勢】

■姿勢がよく見える座り方

・背筋を伸ばして座る。

・椅子の背にもたれない。

・あまり深く座らない。

■座る際の足と手の位置

・女性は足を閉じて、手は膝の上にそろえましょう。

・男性は足を軽く開いて座り、手は軽く握り、ももの上に置きましょう。

・面接中は、手や足を動かさないようにしましょう。

【質問への受け答え】

■受け答えは、相手に自分の話を分かりやすくするためにも、大きな声でゆっくりと話しましょう。

■受け答えの際は、面接官を見て話しましょう。目を見て話すのが一番よいですが、難しければ口元を見て話すようにしましょう。

■質問には簡潔に答えましょう。

■グループ面接などでは、他の人の話も聞くようにしましょう。
その際、話を聞きながら相槌を打つことも忘れないようにしましょう。

■質問に答えるときは最初に「はい」と言い、終わりには「以上です」と言いましょう。

【あいさつ】

■面接が終了したら、椅子に座ったまま「ありがとうございました」とお礼を言い、お辞儀をしてから立ちあがります。

【退出】

■ドアに向かって姿勢よく歩きましょう。

■退室の際は、ドアの前で面接官の方を向き「失礼します」とおじぎをしてから退室します。

■グループ面接の場合は、最後の人がドアを閉めるようにしましょう。

■ドアの外では大声で話さないようにしましょう。

失礼
いたします

⑤面接試験への対策

・面接では提出した書類に記載した内容について、より詳しい説明を求められます。提出する書類はコピーをとっておいて、質問されることが想定される項目については、事前に回答の準備をしておきましょう。

・短時間で自分のPRを行うためには、相手にわかりやすく説明することが求められます。結論⇒エピソード⇒まとめの順に回答できるよう練習しましょう。

・面接の練習については、自分が話している内容を携帯電話などで録画して聞いて、視線や話し方、話している内容を確認して修正しましょう。

・友人や学校のキャリアセンターのスタッフに模擬面接の試験官役をお願いし、練習することも大切です。

6 労働契約の成立（内定）

①内定通知

最終選考を終えて、企業から採用の意思を伝えるのが内定通知です。

電話で伝えた後に書類を送付する企業も多いようです。すでに入社を希望する他社から内定を得ている場合やその企業に入社する意思がないときには、早めに

誠意をもって辞退を申し入れましょう。

②内定承諾書

内定承諾書は企業側が応募者に対して、内定を承諾する意思を確認するための書類です。内定通知書と一緒に送られてくることが多いです。入社の意思が固まっている場合は早めに返信するようにしましょう。

※「内定承諾書」には、法的な拘束力がないため、提出後も、就職活動を続けることはできます。しかし、むやみに辞退を繰り返すことのないよう、あらかじめ志望する各社の採用スケジュールを確認しておきましょう。

③労働条件通知書

労働条件通知書は入社する社員に対して、企業が必ず発行しなければならない書類です。下記の内容についての条件が記載されています。

・労働契約の期間
・就業の場所と従事すべき業務
・労働時間に関する事項
・賃金に関する事項
・退職に関する事項

④雇用契約書

雇用契約書とは、賃金や労働時間、就業場所、休日など、労働条件について労使が取り交わす契約書のことです。

必ず書面で締結しなければならない義務はないため、口頭でのやりとりでも雇用契約が成立しますが、書面化して客観的に記録を残すのが一般的です。

7 労働契約の終了（転職の場合）

転職のために就職活動を行ない、内定を得たら、現在勤務している会社に退職を申し出て指示に従い、退職の手続きをとります。

173

■退職時に会社へ返却するもの

・健康保険被保険者証（保険証）

会社を通じて加入しているため、退職と同時に脱退することになります。無効となる保険証は返却します。

・身分証明書（社員証やカードキー、社章など含むすべて）

その会社の社員であることを証明する身分証明書はすべて返却します。

・名刺

自分の名刺はもちろん、仕事を通じて受け取った名刺も、原則として返却します。

・社費で購入した文具や書籍

会社の所有物になるので返却します。

・通勤定期券

会社から支給されていた場合は、返却します。

・その他の書類やデータ

自分が作成したものであっても、業務に関わるものはすべて返却します。

■退職時に会社から受けとるもの

・離職票

雇用保険の失業給付に必要となります。手続きに時間がかかるので、退職日ではなく退職後に郵送してもらう流れになります。ただし、転職先が決まっている場合は必要ありません。

・雇用保険被保険者証（会社が保管している場合）

雇用保険の被保険者であることを証明する書類であり、転職先企業に提出します。転職先が決まっていない場合は、雇用保険の失業給付に必要になります。入社時に交付されており、万が一紛失してしまった場合は、居住地を管轄するハローワークで再発行してもらえます。ただ、その際は「被保険者番号」が必要になります。

・年金手帳（会社が保管している場合）

厚生年金の加入者であることを証明する書類であり、基本的に転職先企業に提出するものです。転職先が決まっていない場合は、国民年金に加入する必要があります。万が一紛失してしまった場合は、申請すれば基礎年金番号通知書を発行し

てもらえます。

・源泉徴収票

所得税の年末調整に使うための書類であり、転職先企業に提出するものです。年内に就職しなかった場合は、所得税の確定申告時に使用します。

※入社

転職の場合は、出社日に企業から提出指示があるもの（源泉徴収票、年金手帳、雇用保険被保険者証、退職証明書、健康診断書など）を持参します。入社前の段階で健康診断を受けるように指示する企業もあります。

3 労務・会社の知識

1 給与

　入社後に企業から毎月受け取る給与の説明をする際に2つの重要な日付があります。

1．給与の締め日

給与計算期間のことをいいます。

　毎月1日〜末日を勤怠の期間としている会社は「末締め」となります。21日〜翌月20日までの場合は「20日締め」といいます。

　※入社して初めての給与は、20日締めの場合は、4月1日〜4月20日までの期間の給与になるので注意しましょう。

2．給与の支給日

　給与の支給日です。社員が指定した銀行などの金融機関に振り込まれるケースが多くなっています。

（1）給与明細の構成

　給与明細は、会社によって書式はさまざまですが、①支給、②控除、③勤怠、④差引合計の4つで構成されています。

①支給：基本給や各種手当を含めた、給与として支払われる金額が記載されています。欠勤や遅刻、早退がある場合は給与から差し引かれるため、欠勤控除の欄にマイナス（−）表示がされることがあります。「額面給与」ともいわれます。

②控除：社会保険料、雇用保険料、所得税、住民税など、個人が納めるべき税金などを企業がかわりに納めるために自動的に控除（天引き）されているものがこの欄に表示されています。

③勤怠：給与計算のもとになる出勤日数や残業時間、有給休暇の残りの日数が記載

されています。有給休暇の残日数は給与の締め日時点での残数になっているので注意しましょう。

④差引合計：「支給」-「控除」の金額です。実際に支給される金額が記載されています。「手取り給与」といわれます。

（2）給与明細の主な項目

支給	①基本給	②資格手当	③住宅手当	④扶養手当	⑤通勤手当		
	⑥時間外労働手当	⑦休日出勤手当	⑧深夜労働手当				
	⑨遅早控除	⑩欠勤控除		⑪課税合計	⑫非課税合計	A：総支給額	
						0	

控除	①健康保険	②介護保険	③厚生年金	④雇用保険		社会保険合計
						0
	⑤源泉所得税	⑥住民税				税額合計
						B：控除合計
						0

勤怠	①出勤日数	②欠勤日数	③出勤時間	④時間外労働時間	⑤休日出勤日数	⑥深夜労働時間
	⑦遅刻日数	⑧早退日数	⑨有給消化日数	⑩有給残日数		

差引合計	①課税累計額	②税扶養人数		③銀行振込	現金支給額	C：差引支給額
					0	0

【支給】

　支給に関する内容については、雇用契約書や労働条件通知書に記載される内容と、就業規則にて手当などの基準や支給額などが記載されている内容があります。

①基本給：基本の月額賃金

②資格手当：企業が定めた資格を取得すると支給される手当（就業規則を確認する）

③住宅手当：社員の家賃や持ち家のローンなどの出費を企業が補助する手当（就業規則を確認する）

④扶養手当：扶養家族がいる場合に支給される手当（就業規則を確認する）

⑤通勤手当：企業までの通勤にかかる費用（企業により上限が設定されている場合がある）

177

⑥時間外労働手当：残業代とも呼ばれ、出勤日に所定の労働時間を超えた場合に支払われる割増の賃金（計算の条件・根拠は就業規則を確認する）

⑦休日出勤手当：休日に出勤した際の手当。通常の35%以上の割増率が付加される。（計算の条件・根拠は就業規則を確認する）

⑧深夜労働手当：22時〜翌朝5時の間に働いた場合には、通常の残業代に、さらに25%の割増率が付加されます。（計算の条件・根拠は就業規則を確認する）

⑨遅早控除：当月に遅刻や早退をした場合に控除（マイナス）される金額

⑩欠勤控除：当月に欠勤した場合に控除（マイナス）される金額

⑪課税合計：支給の項目で課税対象となるものの合計額（通勤手当を除いた金額）

⑫非課税合計：支給の項目で非課税対象となる合計額（15万円までの通勤手当）

【控除】

　控除はマイナスの金額となります。支給した金額から会社が自動的に控除（天引き）されているものがこの欄に表示されています。健康保険や介護保険、厚生年金については、社員が本来支払うべき金額の半額を企業が負担して納付しています。

①健康保険：医療費や障害手当金、出産手当金、高額医療制度などのもととなり企業と半額ずつ支払います。記載されている金額は社員が負担する金額です。新卒入社の場合は、5月以降から徴収されます。

②介護保険：40歳〜64歳の社員を対象として徴収されます。

③厚生年金：老齢基礎年金や老齢厚生年金のもとになり、社員が企業と半額ずつ支払います。記載されている金額は社員が負担する金額です。新卒入社の場合は、5月以降から徴収されます。

④雇用保険：失業時に再就職するまでの求職者を支援するために国が生活資金を給付する保険です。

⑤源泉所得税：所得に応じて国に納める税金。毎年、12月の年末調整をすることで、それまでに源泉徴収によって納めていた所得税の金額が決定し、払い過ぎていた場合は還付されます。

⑥住民税：住んでいる市区町村に納める税金。前年度の所得により収める金額が決定されるため、新卒入社の場合は、入社1年目は徴収されません。

【勤怠】

　給与の締め日までの期間（例えば20日締めの場合は21日〜翌月20日）の勤務の状況が記載されます。

①出勤日数：当月の出勤した日数

②欠勤日数：当月の欠勤した日数

③出勤時間：当月の労働時間

④時間外労働時間：当月の時間外や休日出勤として労働した時間数

⑤休日出勤日数：当月の休日出勤した日数

⑥深夜労働時間：当月の深夜労働（22時〜翌朝５時）した時間数

⑦遅刻日数：当月の遅刻した日数

⑧早退日数：当月の早退した日数

⑨有給消化日数：当月の有給を消化した日数

⑩有給残日数：給与締め日時点での有給休暇の残りの日数

【累計】

①課税累計額：１月から支給されている給与に対する課税合計の累計額です。12月の給与明細には、年収が記載されています。

②税扶養人数：扶養している親族（配偶者や子供など）がいる場合に、その合計人数が記載されます。一定の要件にあてはまれば、扶養控除を受けることができます。

③銀行振込額：実際に給与の振込口座に入金される金額（差引支給額）です。

2　賞与

　賞与とは、月額で支払われる定期給与と別に支給される給与のことです。ボーナスとも呼ばれています。賞与は、法律上必ず支払わなければならないものではなく、企業が支払うと決めた場合のみ支給され、労働条件に加わります。そのため、賞与の支払い時期や支払い回数に特段の規定はなく、賞与が支給されない企業や年に複数回支給される企業もあります。一般的には、夏と冬の時期に年１回から２回支給する企業が多くなっています。

（1）賞与支給の根拠

　賞与を支給するかしないか、また、どのような条件で支給されるかは、根拠となるルールが各企業により異なっています。賞与がどのようなルールで支給されるのかを以下のものを参考にして確認する必要があります。

①企業が作成する就業規則（別途、賃金規則という細則で規定されている場合もあります）

②企業と労働組合の間で結ばれる労働協約

③企業と社員との間で結ばれる労働契約

（2）賞与の種類

①通常賞与（基本給連動型）

　賞与の金額でよく目にするのは、「基本給の○か月分」というものです。注意する点は、「給料の○か月分」ではなく「基本給の○か月分」という部分です。「給与」は各種手当も含まれるため、正確には各種手当などを除いた「基本給の○か月分」を意味します。賞与の支給額は、企業の裁量で決定することができます。たとえば、企業の業績や今後の事業展開の見通し、社員の人事評価などを考慮して賞与の支給額を決定することが多いようです。

②業績賞与（業績連動型）

　業績賞与とは、組織や各部門、もしくは個人の業績に連動して支給額が増減する賞与制度です。就業規則などで支給予定日が定められている通常の賞与とは異なり、支払いのタイミングごとに掛率が変わる成果主義型の賞与体系となります。支給の根拠が明確で透明な反面、業績が下がった場合に減額や不支給ということもあります。

③決算賞与

　決算月の前後に支払われる賞与のことを決算賞与と呼びます。決算とは、企業の年間の収入と支出を計算し業績を明らかにすることであり、その業績が好調な場合において社員に利益配分を行うために賞与という形式にて支給されます。特に外資系企業などでは、一般的な夏と冬の通常賞与がなく、決算賞与のみを採用している企業もあります。決算賞与はその年の企業の業績と連動していることが多いため、決算で利益が大きく出た場合は支給も増えますが、利益が出ていない場合は支給されないこともあります。一方で、通常賞与に加えて決算賞与を支給する企業

180

もあります。

（3）賞与と社会保険料・税金

　月額の給与と同じように、賞与についても社会保険料や所得税が控除されます。給与とは異なり、住民税は控除されません。

■賞与から控除される社会保険料・税金

①健康保険料

②介護保険料

③厚生年金料

④雇用保険料

⑤所得税

日本で働くために必要な
ビジネスマナー

1 ビジネスマナー

　ビジネスマナーとは、ビジネスシーンにおいて、一緒に仕事をする人や取引先の相手に不快感を与えないためのマナーのことです。好感度の高い／相手に受け入れられるマナーを身につけることで相手に好印象を与えるだけでなく、社会人としての高い評価を得ることができます。

　また、会社の外に出れば一人ひとりが会社の顔となります。組織の一員として自分の態度や言動がそのまま会社のイメージに繋がることも心に留めて行動しましょう。

> ビジネスマナーの例
> ・挨拶　　　　　　　・ビジネス文書
> ・言葉づかい（敬語）・電話対応
> ・身だしなみ　　　　・訪問／来客対応

1 敬語

　社会人のマナーとして、話す相手によって言葉づかいを使い分けることが必要となります。敬語は大きく3種類に分けられます。「尊敬語」、「謙譲語」、「丁寧語」の3種類について紹介します。

（1）3つの敬語
1．尊敬語・・・相手を敬って使う言葉。相手の動作や状態を敬う言葉。
2．謙譲語・・・自分をへりくだって言う時に使う言葉で、間接的に相手を敬う言葉。
3．丁寧語・・・相手に対し丁寧な表現にして使う言葉。

（2）尊敬語

　相手の行為を高めて表現し、敬う気持ちを表す言い方です。ここでは使用頻度が高い３つの形式を説明します。

①言葉が変わる

　　言う⇒おっしゃる

　　見る⇒ご覧になる

②言葉の前後に「お〜になります」、「ご〜になります」をつける

　　出かける⇒お出かけになります

　　話す⇒お話になります

③語尾に「れる」「られる」をつける

　　出かける⇒出かけられる

　　話す⇒話される

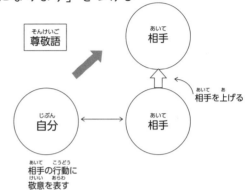

（3）謙譲語

　自分の行為を低く表現することにより相手の行動を高める言い方です。自分の行為を低くするので主語は「私」になります。

①言葉が変わる

　　言う⇒申し上げます

　　見る⇒拝見します

②言葉の前後に「お〜する」、「ご〜する」をつける

　　持つ⇒お持ちする

　　連絡する⇒ご連絡する

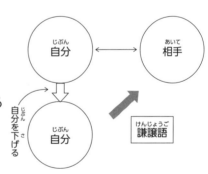

（4）丁寧語

　丁寧な言葉づかいで相手に対して敬意を表す言い方です。

①「お」、「ご」をつける

　　名前⇒お名前

　　住所⇒ご住所

②語尾に「〜です」、「〜ます」、「〜ございます」をつける

　　そうだ⇒そうです

言う⇒言います

ありがとう⇒ありがとうござます

③場所・人・時を表す言葉

あっち⇒あちら

どの⇒どちら

さっき⇒さきほど

（5）よく使う敬語表現
①言葉が変わる（敬語・謙譲語）表現

基本	尊敬語	謙譲語	丁寧語
言う	おっしゃる	申す・申し上げる	言います
聞く	お聞きになる・聞かれる	伺う・承る・拝聴する	聞きます
見る	ご覧になる	拝見する	見ます
来る	いらっしゃる・お見えになる	参る・伺う	来ます
行く	いらっしゃる	伺う・参る	行きます
いる	いらっしゃる	おる	います
知る	ご存知になる	存じあげる、存じる	知っています
待つ	お待ちになる	待たせていただく	待ちます
する	される・なさる	いたす・させていただく	します
帰る	お帰りになる	失礼する	帰ります
あげる	くださる	差しあげる	あげます
食べる	召しあがる	いただく・頂戴する	食べます

②場所・時・人を表す言葉

日常語	丁寧語	日常語	丁寧語
こいつ・ここ・こっち・これ	こちら	あとで	後ほど
そいつ・そこ・そっち・それ	そちら	きのう	昨日
あいつ・あそこ・あっち・あれ	あちら	きょう	本日
どいつ・どこ・どっち・どれ	どちら	あした	明日
どんな	どのような	おととい	一昨日
この前	前回	あさって	明後日
この次	次回	去年	昨年
さっき	先ほど	今年	本年

③ビジネスで使う表現

日常語	尊敬語
僕・わたし	わたくし
僕たち・わたしたち	わたくしども
あなたの会社	御社・貴社
すぐ	早速・直ちに
すみませんが	申し訳ございませんが
わかりました	かしこまりました

日常語	尊敬語
知りません	存じません、わかりかねます
じゃあ	では、それでは
いいですか	よろしいでしょうか
スマホ・メアド・バイト	スマートフォン、メールアドレス、アルバイト ※尊敬語ではありませんが、目上の人に対してはこれらの言葉は省略しないで使いましょう。

（6）まちがえやすい敬語

目上の人：階級や年齢が自分より上の人
目下の人：階級や年齢が自分より下の人

①挨拶で使う言葉

「ご苦労さまです」

「ご苦労さま」は目上の人から目下の人に対してかけるねぎらいの言葉だというのが一般的な認識です。目上の人には「お疲れさまです」を使いましょう。

「お世話さまです」

お世話になった相手への敬意を表す言葉ですが敬意は軽いため、目上の人に対して使うことは失礼にあたります。「お世話になっております」を使いましょう。

②オフィスでよく使う言葉

「了解しました」

「了解」は、同僚もしくは目下の人に対して使う言葉です。「しました」をつければ丁寧語にはなりますが、もともと尊敬語ではないため目上の人やお客様に対して使うことは失礼にあたります。「承知いたしました」を使いましょう。

「なるほど／なるほどですね」

「なるほど」自体には尊敬の意味はありません。目上の人やお客様に対しては「おっしゃる通りだと思います」などを使いましょう。

③打ち合わせなどで使う言葉

「上司にも申し上げておきます」

この言い方の場合、自社側の「上司」に敬意を払っています。対外的には「上司にも申し伝えておきます」が適切な言い方です。

「おっしゃられる通りだと思います」

「言う」の尊敬語の「おっしゃる」と、尊敬の表現である「お～られる」が重複した尊敬表現です。「おっしゃる通りだと思います」を使いましょう。

「本日中にお送りさせていただきますので」

「送る」に尊敬の意味を表す「お」をつけて「お送りする」にし、さらに「させていただく」までつけると、過剰な敬語になります。「お送り致します」「お送りします」を使いましょう。

④接客時に使う言葉

「～になります」

「～になります」は、状態が変化する場合に使用するもので、単純に状態や事実を示すのであれば「です」や「ございます」を使いましょう。

「～でよろしかったでしょうか」

現在進行形の内容に対し、過去形で問いかけることになり、まちがっています。「～でよろしいでしょうか」を使いましょう。

⑤訪問・来客時に使う言葉

「○○様が参られています」

「来る」の謙譲語としての「参る」ですので、敬意を払う相手に使うのは失礼です。「○○様がお見えです」などが正しい敬語です。

「こちらでお待ちいただく形になります」

「形になります」自体は特に尊敬する意味を持ちません。「こちらでお待ちください」が正しい言い方になります。

2 ビジネス文書

ビジネス文書には、会社内での報告・連絡などのために使われる「社内文書」と、企業間などでやりとりされる社外向けの「社外文書」があります。

ビジネス文書の目的は、社内・社外を問わず、「用件を正確に、わかりやすく、簡潔に伝えること」です。また、名刺交換や電話応対のようにマナーがあります。

ビジネス文書は、記録して保存すべき内容などを書面にして相手に伝えることで、後々のトラブルを防ぐなど、ビジネスにおいて大きな役割を果たします。

（1）ビジネス文書の種類

社内文書	社外文書
①指示命令・決裁 通達、指示書、稟議書 ②報告・届出 報告書、届出書、始末書、進退伺 ③連絡・調整 通知書、回覧文、依頼書、伝言メモ ④記録 議事録	①取引関係 依頼書、見積書、注文書、請求書、依頼書、照会状、回答書、断り状、通知状、契約書 ②社交・儀礼 案内状、挨拶状、招待状、礼状、祝賀状

（2）ビジネス文書を書くときの注意点

①定型文を利用する

会社として発信する社外文書や社内連絡などに使用する文書の多くは書式が決まっています。定型文に沿って作成することで相手にもわかりやすく伝えることができます。過去の文書を参考にしながら作成するとよいでしょう。

②結論を最初に書く

ビジネス文書の基本は、結論を最初に書いて、その後でその理由や根拠を説明すると相手にわかりやすく伝えることができます。

③一文を短くまとめる

一つの文章はなるべく短く30文字から50文字程度でまとめるようにしましょう。一つの文章が長くなると読みづらくなります。

④ A4縦の用紙に横書きで記載する

挨拶状や案内状などを除き、ビジネス文書は A4の縦の文書に対して横書きで

作成するのが一般的です。

⑤客観的にわかりやすく書く

　相手に伝えるための項目として「5W3H」の構文を利用してまとめると具体的でわかりやすい文章になります。5W3H とは、What（課題）、Why（理由）、Who（相手）、When（時期）、Where（場所）、How（方法）、How many（規模）、How much（価格）です。

⑥箇条書きを利用する

　伝える内容や項目が多い場合は、文章で伝えるのではなく、箇条書きを利用して簡潔にわかりやすく伝えましょう。

⑦あいまいな表現を避ける

　文書を発信する側と、受け取る相手の理解が異なることがないように曖昧な表現は使用しないようにします。特に期間や金額については具体的な数値を記載しましょう。

⑧数値について漢数字は使用しない

　横書きが一般的となるため、数値は、漢数字でなくアラビア数字を使用します。（例　×：二百十　○：210）また、数値は 3 桁ごとに「,」を入れると読みやすくなります。（例：12,000）

（3）前文と末文

　社外文書で使用されるルールとして「前文」と「末文」があります。前文は、用件を伝える前の挨拶文として、大事な役割を果たしています。前文の挨拶は、「頭語」＋「時候の挨拶」＋「相手の安否を尋ねる挨拶」＋「日頃の感謝の挨拶」の 4 つから構成されます。また、主文で相手に用件を伝えたあとは、末文で結びの挨拶を用いて締めくくります。

①頭語と結語

　頭語は文章のはじめ、結語は文章の終わりに書く言葉です。頭語と結語は組みあわせが決まっているので注意しましょう。

	頭語	結語
一般的な文書	拝啓	敬具
丁寧な文書	謹啓	敬白
返信する場合	拝復、謹復	敬具、敬白
急用の場合	急啓	草々
前文を省略する場合	前略	草々

②時候の挨拶

　時候の挨拶は、手紙の前文で頭語に続く書き出しの言葉です。四季の豊かな日本ならではの文書の習慣です。季節や月ごとに決まった言い回しがあります。

月	時候の挨拶
1月	初春の候、厳寒の候、寒風の候、厳冬の候、寒冷の候
2月	立春の候、余寒の候、梅花の候、春寒の候、残寒の候
3月	春陽の候、早春の候、春暖の候、桜花の候、雪解けの候
4月	春爛漫の候、陽春の候、春暖の候、春愁の候、遅日の候
5月	初夏の候、新緑の候、若葉の候、薫風の候、晩春の候
6月	梅雨の候、初夏の候、麦秋の候、短夜の候、首夏の候
7月	盛夏の候、猛暑の候、大暑の候、蝉時雨の候、酷暑の候
8月	残暑の候、晩夏の候、残夏の候、納涼の候、秋暑の候
9月	初秋の候、新涼の候、新秋の候、名月の候、秋涼の候
10月	秋涼の候、仲秋の候、紅葉の候、秋麗の候、秋冷の候
11月	晩秋の候、落葉の候、初霜の候、秋霜の候、霜寒の候
12月	初冬の候、師走の候、寒冷の候、霜夜の候、歳末の候

③相手の安否を尋ねる（会社の繁栄を喜ぶ）挨拶

　ここでは、時候の挨拶の後に続く一般的な「相手の安否を尋ねる（会社の繁栄を喜ぶ）挨拶」について文例を記載します。

・貴社におかれましてはますますご清栄のこととお喜び申しあげます。
・貴社ますますご盛栄の段お慶び申しあげます。
・貴社にはいよいよご隆盛の段、大慶に存じます。
・皆様ますますご健勝のこととお喜び申しあげます。

④日頃の感謝の挨拶

　ここでは、「相手の安否を尋ねる（会社の繁栄を喜ぶ）挨拶」に続く「日頃の感謝の挨拶」について文例を記載します。
・平素は、格別のご高配を賜り厚く御礼申しあげます。
・平素は格別のお引き立てを賜り、誠にありがとうございます
・平素はひとかたならぬご厚情にあずかり、厚くお礼申しあげます。

⑤末文

　ここでは、末文について文例を記載します。作成する文書の内容に合わせた選択をしましょう。

相手の健康や繁栄を願う場合	・貴社ますますのご発展をお祈り申しあげます。 ・時節柄くれぐれもご自愛のほどお祈り申しあげます。
案内・通知を目的とした場合	・まずは略儀ながら書中をもちましてご挨拶申しあげます。 ・まずは略儀ながら書面にてご案内申しあげます。
返事を求める場合	・まずは取り急ぎお尋ね申しあげます。 ・お忙しい中大変恐縮ですが、お返事をいただきたく、お待ち申しあげます。
お礼やお祝いを目的とした場合	・まずは略儀ながら書中をもってお祝い申しあげます。 ・略儀失礼ながら書面をもちまして御礼申しあげます。

（4）社内文書

　「社内文書」とはビジネス文書のうちのひとつで、社内で使われる文書類の総称です。

主に社内の指示や連絡、報告に使われます。

①社内文書の注意点

・「指示・命令・決裁」、「連絡・調整」、「記録」の文書については、挨拶や敬語を最小限で記載します。ただし、「報告・届出」の始末書や進退伺などについての文書は敬語など丁寧な表現が求められます。

・最低限の文書形式が守られていれば、「前文」、「末文」を記載する必要はありません。社内の文書フォーマットに従って書くようにしましょう。

・社内の文書は情報を共有することを目的にした文書である場合が多くなるので、簡潔にわかりやすく書くことが必要となります。そのため、要点は箇条書きで記載するとわかりやすくなります。

②社内文書の記入例

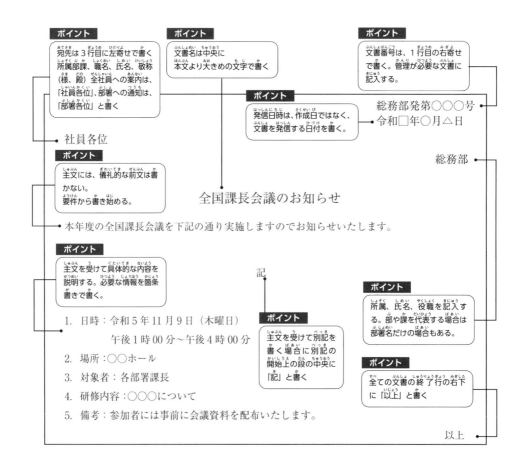

ポイント
宛先は3行目に左寄せで書く
所属部課、職名、氏名、敬称（様、殿）全社員への案内は、「社員各位」、部署への通知は、「部署各位」と書く

ポイント
文書名は中央に本文より大きめの文字で書く

ポイント
文書番号は、1行目の右寄せで書く。管理が必要な文書に記入する。

ポイント
発信日時は、作成日ではなく、文書を発信する日付を書く。

総務部発第〇〇〇号
令和□年〇月△日

総務部

社員各位

ポイント
主文には、儀礼的な前文は書かない。
要件から書き始める。

全国課長会議のお知らせ

本年度の全国課長会議を下記の通り実施しますのでお知らせいたします。

ポイント
主文を受けて具体的な内容を説明する。必要な情報を箇条書きで書く。

記

ポイント
主文を受けて別記を書く場合に別記の開始上の段の中央に「記」と書く

ポイント
所属、氏名、役職を記入する。部や課を代表する場合は部署名だけの場合もある。

1. 日時：令和5年11月9日（木曜日）
　　　　午後1時00分～午後4時00分

2. 場所：〇〇ホール

3. 対象者：各部署課長

4. 研修内容：〇〇〇について

5. 備考：参加者には事前に会議資料を配布いたします。

ポイント
全ての文書の終了行の右下に「以上」と書く

以上

（5）社外文書

「社外文書」とはビジネス文書のうちのひとつで、社外文書は、企業を代表して相手に送る文書です。用件を丁寧に、まとめて伝えるだけでなく、礼儀正しく美しい文書にすることが必要です。

①社外文書の注意点

・社外文書については、「前文」や「末文」など礼儀正しく文章を構成するための挨拶が必要となります。また、敬語や独特の言い回しに注意することも必要です。

・基本的には、企業あてに送付する文書についても、特定の個人を特定した宛名が必要となります。その際に企業名（特に株式会社など）、部署名、役職などを省略しないで書く必要があります。

・社外の文書についても、誰が読んでも誤解のないように相手と情報を共有することを目的にした文書が多くなるので、簡潔にわかりやすく書くことが必要となります。そのため、要点は箇条書きにするとわかりやすくなります。

②社外文書の記入例

ポイント
宛先は2行目に左寄せで書く
会社名は正式名称で書く

ポイント
文書名は中央に
本文より大きめの文字で書く

ポイント
発信日を書く
日付けは一行目の右寄せ

令和○年8月20日

○○株式会社
代表取締役社長　○○　○○様

株式会社 ××××
代表取締役　○○　○○

ポイント
前文の挨拶は、「頭語」＋「時候の挨拶」＋「相手の安否を尋ねる挨拶」＋「日頃の感謝の挨拶」の順番に書く

ポイント
企業名は右側に
役職、名前は改行する

□□物流センター内覧会

　拝啓　初秋の候、皆様にはご健勝のこととお喜び申しあげます。平素は格別のお引き立てを賜り、誠にありがとうございます。

　さて、このたび、○○県○○市に新たに完成しました「□□物流センター」の内覧会を開催する運びとなりました。

　最新の設備と効率的な物流システムをご覧いただきながら、物流の未来をご一緒に考える機会となれば幸いです。

　ご多忙の折とは存じますが、万障お繰り合わせのうえ、ぜひご出席くださいますようお願い申しあげます。

　ご来場をスタッフ一同、心から楽しみにしております。当日は、皆様を温かくお迎えいたします。

　皆様のご参加を心よりお待ちしております。

ポイント
別記を書く場合は、上の段の中央に「記」と書く

記

敬具

ポイント
頭語に合わせた結語を文末の一行下の右寄せで書く

1.　日時：令和○年11月30日（木曜日）
　　　　　　午後1時30分～午後4時30分
2.　場所：○○県○○市　○-○-○○　□□物流センター

　尚、会場準備の都合上9月18日（金曜日）までにご出欠のお返事を株式会社××××総務部長　○○　○○（電話　03-3333-○○○○）まで、ご連絡くださいますようよろしくお願いいたします。

以上

ポイント
問い合わせ先を書く

ポイント
全ての文書の終了行の右下に「以上」と書く

3 封書とハガキ

ビジネスでの情報伝達の手段はメールが多くなりましたが、その分、郵便物の重要度は以前よりも上がっています。郵便物は丁寧に書き、決められたマナーを守らなければなりません。ここでは、必要な封筒と返信ハガキの書き方、郵便番号や住所、宛名の書き方を説明します。

（1）封筒の書き方
①和封筒（縦書き）の表面の書き方

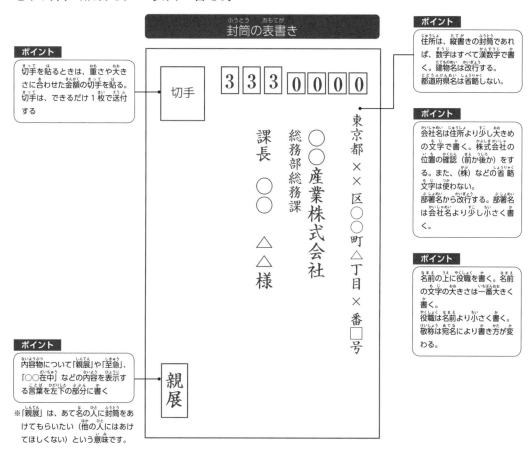

封筒の表書き

| | 3 3 3 0 0 0 0 |

東京都××区○○町△丁目×番□号

○○産業株式会社
総務部総務課
課長　○○　△△　様

切手

親展

ポイント
切手を貼るときは、重さや大きさに合わせた金額の切手を貼る。切手は、できるだけ1枚で送付する

ポイント
住所は、縦書きの封筒であれば、数字はすべて漢数字で書く。建物名は改行する。都道府県名は省略しない。

ポイント
会社名は住所より少し大きめの文字で書く。株式会社の位置の確認（前か後か）をする。また、（株）などの省略文字は使わない。部署名から改行する。部署名は会社名より少し小さく書く。

ポイント
名前の上に役職を書く。名前の文字の大きさは一番大きく書く。役職は名前より小さく書く。敬称は宛名により書き方が変わる。

ポイント
内容物について「親展」や「至急」、「○○在中」などの内容を表示する言葉を左下の部分に書く

※「親展」は、あて名の人に封筒をあけてもらいたい（他の人にはあけてほしくない）という意味です。

②和封筒（縦書き）の裏面の書き方

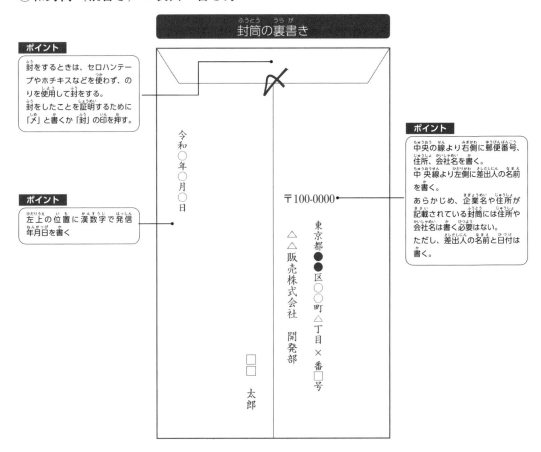

封筒の裏書き

ポイント

封をするときは、セロハンテープやホチキスなどを使わず、のりを使用して封をする。
封をしたことを証明するために「〆」と書くか「封」の印を押す。

ポイント

左上の位置に漢数字で発信年月日を書く

令和〇年〇月〇日

〒100-0000

東京都
●●区〇〇町△丁目×番□号

△△販売株式会社　開発部

□□　太郎

ポイント

中央の線より右側に郵便番号、住所、会社名を書く。
中央線より左側に差出人の名前を書く。
あらかじめ、企業名や住所が記載されている封筒には住所や会社名は書く必要はない。
ただし、差出人の名前と日付は書く。

【敬称の選び方】

宛名	敬称	例
個人あて	様	○○　様
会社や部署あて	御中	株式会社○○御中 株式会社○○総務部御中
個人を特定しない担当者あて	様	株式会社○○人事部ご担当者様
企業の個人あて	様	株式会社○○ 人事部 課長○○　○○様

【内容表示】

内容表示語	使用例
親展	宛名の本人に開封してもらいたい場合に使用する
重要	重要な文書であり丁寧に扱ってほしい場合に使用する
至急	到着後にすぐ開封して迅速に対応してほしい場合に使用する
○○在中	内容物を表示する際に使用する（請求書在中など）

③洋封筒（横書き）の表面の書き方

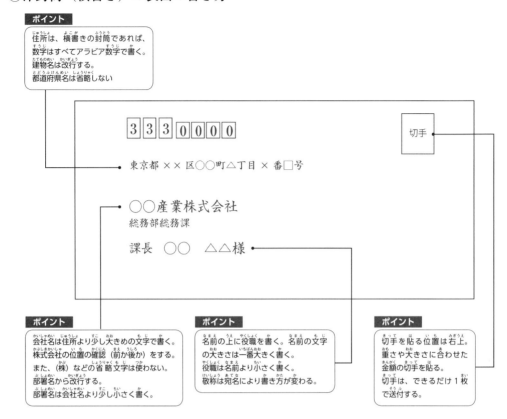

ポイント
住所は、横書きの封筒であれば、数字はすべてアラビア数字で書く。
建物名は改行する。
都道府県名は省略しない

３３３０００００

切手

東京都 ×× 区○○町△丁目 × 番□号

○○産業株式会社
総務部総務課

課長　○○　△△様

ポイント
会社名は住所より少し大きめの文字で書く。
株式会社の位置の確認（前か後か）をする。
また、（株）などの省略文字は使わない。
部署名から改行する。
部署名は会社名より少し小さく書く。

ポイント
名前の上に役職を書く。名前の文字の大きさは一番大きく書く。
役職は名前より小さく書く。
敬称は宛名により書き方が変わる。

ポイント
切手を貼る位置は右上。
重さや大きさに合わせた金額の切手を貼る。
切手は、できるだけ1枚で送付する。

④洋封筒（横書き）の裏面の書き方

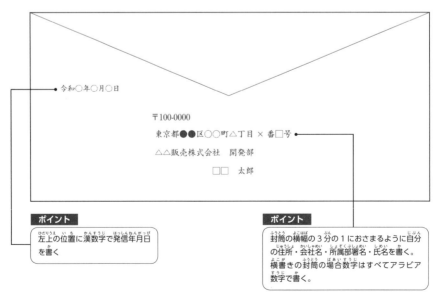

令和○年○月○日

〒100-0000
東京都●●区○○町△丁目 × 番□号

△△販売株式会社　開発部

□□　太郎

ポイント
左上の位置に漢数字で発信年月日を書く

ポイント
封筒の横幅の3分の1におさまるように自分の住所・会社名・所属部署名・氏名を書く。
横書きの封筒の場合数字はすべてアラビア数字で書く。

（2）手紙・文書の折り方、入れ方

　和封筒に入れる際、手紙の折り方は三つ折りが基本です。折り目（折り数）は少ない方が、相手も手紙を読みやすいですし、見た目も美しくなります。

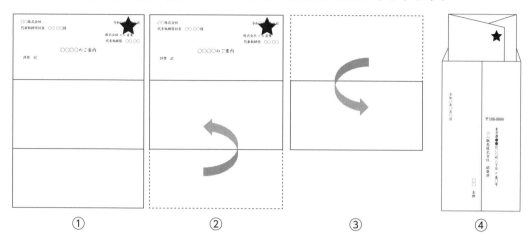

① ② ③ ④

①手紙の文面を表にしておく

　手紙の書き出しが右上にくるように、文面を表にして置きます。

②手紙の下から3分の1を折りあげる

　手紙の下から3分の1を折りあげます。このとき、相手の名前が折り目に入らないように気をつけましょう。

③上から3分の1を折り下げる

　上3分の1を被せるように折り下げます。これで三つ折りの完成です。

④便箋の上端を右にして封筒に入れる

　便箋の上端（★の部分）が右上になるよう、封筒の裏側を向けて封入しましょう。

（3）招待状・案内状

　社会人になると招待状や案内状を受け取る機会が増えます。招待状の例として、会社の同僚や友人などからの結婚式への招待状が挙げられます。招待状や案内状の返信についてもマナーがあるので注意しましょう。

1．返信は早めに

　招待状や案内状には必ず返信期日が書かれています。予定が空いているのであれば、到着後2日から3日以内、遅くても1週間以内に返事を出すようにしま

CHAPTER 8 ｜ 日本で働くために必要なビジネスマナー

しょう。返事が早ければ早いほど、お祝いの気持ちを示すことができます。

招待状が届いてから1週間以上過ぎてしまったり、期日を過ぎてしまったりした場合は、まずは電話やメールで直接謝り、返信はがきも必ず出しましょう。

2．予定がわからない時

予定がはっきりしない場合は、まず電話でその旨を連絡し、いつ頃返事ができるか伝えましょう。そして、招待状に記載されている返信期日（だいたい招待状が届いてから約1か月後）までには、返事を出すようにしましょう。

返信の期日ぎりぎりになっても出席できるかどうかわからない場合は、「欠席」としたほうがよいです。

3．同封のハガキで返信する

口頭やメールで返事をするのではなく、フォーマルなイベントには、必ず送付された招待状や案内状に同封されている返信用のはがきで出欠の連絡をするようにしましょう。

4．欠席する場合はフォローをする

都合があわずに欠席する場合は、祝電（会社の同僚や親しい人の慶事・弔事の際、送る人の気持ちを伝えるためによく使われる電報）などを送ると、相手に気持ちが伝わります。

■招待状の返信ハガキの書き方（表書き）

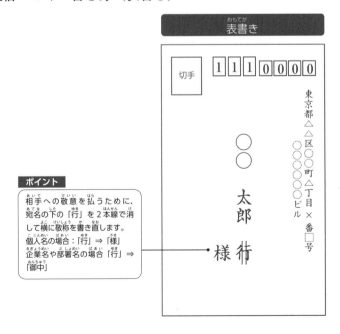

表書き

切手

1110000

東京都
△△区○○町△丁目×番□号
○○○○ビル

○○
太郎
様行

ポイント
相手への敬意を払うために、宛名の下の「行」を2本線で消して横に敬称を書き直します。
個人名の場合：「行」⇒「様」
企業名や部署名の場合「行」⇒「御中」

■招待状の返信ハガキの書き方（裏書き　出席の場合）

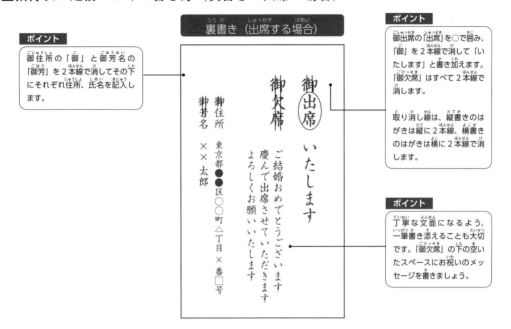

裏書き（出席する場合）

御出席　いたします

御欠席

御住所　東京都●●区○○町△丁目×番□号
御芳名　××　太郎

ご結婚おめでとうございます
慶んで出席させていただきます
よろしくお願いいたします

ポイント

御住所の「御」と御芳名の「御芳」を2本線で消してその下にそれぞれ住所、氏名を記入します。

ポイント

御出席の「出席」を○で囲み、「御」を2本線で消して「いたします」と書き加えます。「御欠席」はすべて2本線で消します。

取り消し線は、縦書きのはがきは縦に2本線、横書きのはがきは横に2本線で消します。

ポイント

丁寧な文面になるよう、一筆書き添えることも大切です。「御欠席」の下の空いたスペースにお祝いのメッセージを書きましょう。

■招待状の返信ハガキの書き方（裏書き　欠席の場合）

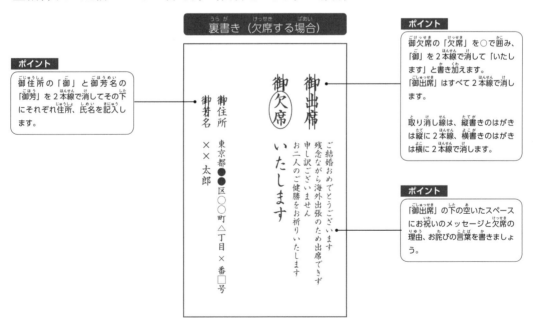

裏書き（欠席する場合）

御欠席　いたします

御出席

御住所　東京都●●区○○町△丁目×番□号
御芳名　××　太郎

ご結婚おめでとうございます
残念ながら海外出張のため出席できず
申し訳ございません
お二人のご健勝をお祈りいたします

ポイント

御住所の「御」と御芳名の「御芳」を2本線で消してその下にそれぞれ住所、氏名を記入します。

ポイント

御欠席の「欠席」を○で囲み、「御」を2本線で消して「いたします」と書き加えます。「御出席」はすべて2本線で消します。

取り消し線は、縦書きのはがきは縦に2本線、横書きのはがきは横に2本線で消します。

ポイント

「御出席」の下の空いたスペースにお祝いのメッセージと欠席の理由、お詫びの言葉を書きましょう。

4 メールのマナー

　手軽な連絡手段であるメール（電子メール）は、ビジネスシーンにおいても重要なコミュニケーションツールの一つです。一方で、電話と比べると言葉の選び方によっては、誤解を招くこともあります。メールの特徴を理解した上で、相手に対する配慮や気配りも忘れずに利用することで、より効率的な活用ができます。

（1）メールを構成する4つの要素

①宛先

　メールを送る相手のメールアドレスです。アドレス帳などで選択する場合には同姓同名など送信相手をまちがえないように、送信前に必ず再度確認しましょう。

②件名

　メールのタイトルです。受信する相手がわかりやすい内容にしましょう。

③本文

　メールの送信内容です。「宛名」、「挨拶」、「用件」、「結び」の4つの構成で書くようにしましょう。

④署名

　送信者の情報です。メールの署名は名刺の代わりとなる大切なものです。特に社外の方とのメールの取引がある場合、名刺と同じ情報をのせるケースが一般的です。

（2）メールの書き方と注意点

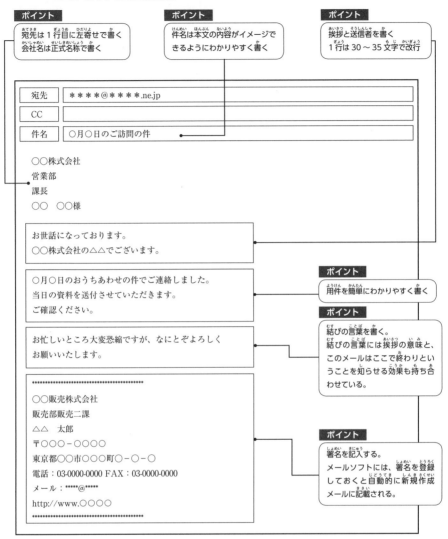

ポイント
宛先は1行目に左寄せで書く
会社名は正式名称で書く

ポイント
件名は本文の内容がイメージできるようにわかりやすく書く

ポイント
挨拶と送信者を書く
1行は30〜35文字で改行

宛先	＊＊＊＊@＊＊＊＊.ne.jp
CC	
件名	○月○日のご訪問の件

○○株式会社
営業部
課長
○○　○○様

お世話になっております。
○○株式会社の△△でございます。

○月○日のおうちあわせの件でご連絡しました。
当日の資料を送付させていただきます。
ご確認ください。

ポイント
用件を簡単にわかりやすく書く

お忙しいところ大変恐縮ですが、なにとぞよろしく
お願いいたします。

ポイント
結びの言葉を書く。
結びの言葉には挨拶の意味と、このメールはここで終わりということを知らせる効果も持ち合わせている。

＊＊＊＊＊＊＊＊＊＊＊＊＊＊＊＊＊＊＊＊＊＊＊＊＊＊＊＊＊
○○販売株式会社
販売部販売二課
△△　太郎
〒○○○−○○○○
東京都○○市○○○町○−○−○
電話：03-0000-0000 FAX：03-0000-0000
メール：＊＊＊＊＊@＊＊＊＊＊
http://www.○○○○
＊＊＊＊＊＊＊＊＊＊＊＊＊＊＊＊＊＊＊＊＊＊＊＊＊＊＊＊＊

ポイント
署名を記入する。
メールソフトには、署名を登録しておくと自動的に新規作成メールに記載される。

①宛先

・複数人の名前を記載する場合は、宛先と同じく役職が上の人の名前から記載して
いきます。

設定	内容
TO	TO は、メールにおいて基本の宛先の指定です。メールを送る先の相手に、返信や作業といったリアクションが欲しい場合に使います。
CC	CC は、返信は不要だけれどメールの内容を把握してほしい場合に使用します。部署内や上司とメールの送信内容を共有したい場合に使用します。TO で設定したメール受信者にも CC で設定した受信者のメールアドレスが表示されます。
BCC	BCC は、メールマガジンや顧客への一斉送信のときなど、受信者全員のメールアドレスを表示させたくない場合に利用する方法です。受信者は発信者のメールアドレスしか表示されません。（他の BCC に設定したメールアドレスが表示されません）

②件名

・相手がメールを開かなくてもわかるように、件名は本文の内容を簡潔にわかりやすく書きましょう。

・件名の文字の長さは20文字程度にして、要点を短くまとめ、件名欄に書きましょう。

③本文

・宛名は、会社（団体）名、部署名、役職名、名前、敬称を書くのが基本です。また、宛名の書きまちがいは失礼にあたるため、送る前によく確認しましょう。

・1行の文字数は30文字から35文字で改行すると相手が読みやすくなります。

・環境依存文字は相手が使用しているメールの環境により正しく表示されない可能性があるので、使用しないようにしましょう。

【環境依存文字】

・半角のカタカナ、半角の句読点

・囲み数字と囲み文字　①②左など

・省略文字や年号　　　㈱㈲昭和平成など

・漢字の旧字体　　　　髙、﨑など

・携帯電話の絵文字など

・ビジネスシーンにおいて絵文字はふさわしくありません。絵文字や顔文字は使用しないようにしましょう。

・あいまいな表現は使わないようにしましょう。

悪い例	よい例
なるべくはやく	○○までに
今日中 / 本日中	18時（退社時刻）までに /24時までに
今週中に	○月○日（曜日）までに
朝イチ / 午後イチ	○時までに
8時～10時くらいの時間帯	午前・午後○時 /20時～22時
でき次第 / 終わり次第	○日（○時）までに

・会議の日程や受発注の連絡など、日時（曜日）や数量、単位のまちがいは、重大なトラブルを引き起こすこともあるので必ず確認するようにしましょう。

【結びの言葉の文例】

１．通常の結び言葉

・今後ともよろしくお願いいたします。

・今後ともお引き立てくださいますようお願い申しあげます。

・引き続きよろしくお願いいたします。

２．確認や検討の依頼を含む結び言葉

・お手数ですが、どうぞご検討をよろしくお願いいたします。

・ご確認よろしくお願いいたします。

・お忙しいところ誠に恐縮ですが、どうぞよろしくお願いいたします。

３．返信を要求する場合の結び言葉

・ご連絡いただきますようお願い申しあげます。

・お手数ですが、ご返事いただければ幸いです。

・ご多忙のところ恐縮ですが、ご返答いただければ幸いです。

４．返信不要の場合の結び言葉

・ご確認いただければ、ご返信は無用です。

・何か不都合がございましたら、お知らせくださいませ。

・取り急ぎご連絡申しあげます。

5．内容がお詫びや断りの場合の結び言葉

・ご理解の上ご容赦いただきますようお願い申しあげます。

・深くお詫び申しあげます。

・重ねてお詫び申しあげます。

（3）メールのメリットとデメリット

【メールのメリット】

①相手が読みたいときに読める

　メールは、自分が送りたいときに送って、相手が読みたいときに読むことができるビジネスコミュニケーションツールです。そのため、相手と時間を合わせる必要がなくお互いの時間を拘束しません。

②同時に複数人への送信が可能

　一斉送信に代表されるように従来のコミュニケーション手段と違い、同時に複数人とのコミュニケーションをとることができます。

③簡単に過去のやりとりがわかる

　送受信の履歴をすべて確認することができ、過去のやり取りがすべて記録として残ります。

④資料をデータとして送ることが可能

　郵送やFAXなどでは送ることが難しい大量の資料（ワードやエクセル、パワーポイントなど）を瞬時に共有することができます。

【メールのデメリット】

①緊急の場合にむいていない

　相手の時間を拘束しないというメリットがある反面、緊急の場合にはタイムリーに情報共有できない可能性があります。

②相手に読まれたかわからない

　メールソフトによっては相手が読んだ場合に確認ができるものもありますが、ただ開いただけで読んでいないこともあります。

③感情が伝わりづらい

　電話に比べて簡潔に用件を伝える傾向のあるメールではどうしても微妙なニュア

ンスが伝わりづらく、コミュニケーションが希薄になる可能性があります。

（4）社内メールの書き方

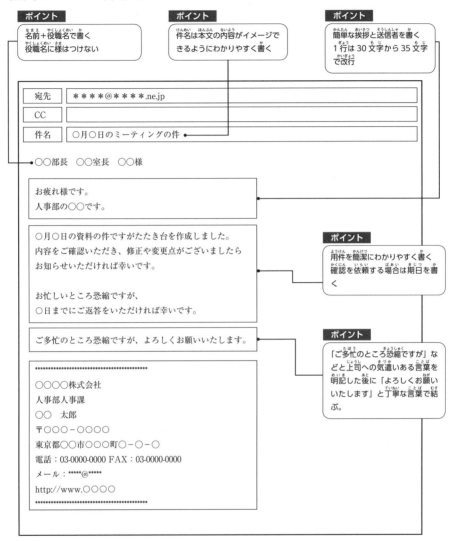

ポイント
名前＋役職名で書く
役職名に様はつけない

ポイント
件名は本文の内容がイメージで
きるようにわかりやすく書く

ポイント
簡単な挨拶と送信者を書く
1行は30文字から35文字
で改行

宛先	＊＊＊＊@＊＊＊＊.ne.jp
CC	
件名	○月○日のミーティングの件

○○部長　○○室長　○○様

お疲れ様です。
人事部の○○です。

○月○日の資料の件ですがたたき台を作成しました。
内容をご確認いただき、修正や変更点がございましたら
お知らせいただければ幸いです。

お忙しいところ恐縮ですが、
○日までにご返答をいただければ幸いです。

ご多忙のところ恐縮ですが、よろしくお願いいたします。

＊＊＊＊＊＊＊＊＊＊＊＊＊＊＊＊＊＊＊＊＊＊＊＊＊
○○○○株式会社
人事部人事課
○○　太郎
〒○○○－○○○○
東京都○○市○○○町○－○－○
電話：03-0000-0000 FAX：03-0000-0000
メール：＊＊＊＊@＊＊＊＊＊
http://www.○○○○
＊＊＊＊＊＊＊＊＊＊＊＊＊＊＊＊＊＊＊＊＊＊＊＊＊

ポイント
用件を簡潔にわかりやすく書く
確認を依頼する場合は期日を書
く

ポイント
「ご多忙のところ恐縮ですが」な
どと上司への気遣いある言葉を
明記した後に「よろしくお願い
いたします」と丁寧な言葉で結
ぶ。

①宛名

・宛先は上位の役職（部長→課長→主任など　Chapter8　3.1「会社内の組織」を参照）の順番で書きます。役職名はしっかりと書きましょう。また、役職名に「様」をつけてはいけません。役職名をつければ敬語となりますので、さらに「様」をつけると二重敬語となります。

・役職がない社員や同僚、部下には「様」をつけましょう。

・部署全体に送る同報メールの場合は、「各位」（例：総務部各位）を使います。メールが送られている範囲がわかるように宛名を記入しましょう。

②件名

・件名の冒頭に【重要】、【緊急】などのキーワードを入れることで、多忙な中でも、積極的に相手にメールを見てもらいやすくなります。ただし、頻繁に【重要】、【緊急】を使用するのは避けましょう。

③本文

・挨拶については、社外メールのように丁寧なものは必要ありませんが、「おはようございます」や「お疲れ様です」といった簡単な挨拶を書くようにしましょう。

・挨拶の次には、発信者の名前を書くようにしましょう。同じ部署の人であれば、部署名は必要ありませんが、社内の違う部署に対して送信する場合は部署名までつけましょう。

・メールの最後に挨拶がないと、中途半端で無愛想な印象を与えてしまいます。社内メールの最後にも簡単な締めの挨拶を入れましょう。

（5）その他のマナー

①メールの送信

・1通のメールでは、1つの用件を伝えるようにしましょう。重要な用件が複数ある場合はメールを分け、それぞれ件名を変えて送るようにしましょう。

・緊急の連絡や早急に相手から返信がほしい場合には、メールを使うのは適切とはいえません。急ぎの連絡は、電話で伝えるようにしましょう。

・添付ファイルを送る際は、送信先の企業のメールサーバの使用量の制限や、一度に送ることができる添付ファイルの容量制限に注意します。そのため、3MB（メガバイト）以上のデータを送る際には、相手のメール受信の環境を確認してから送信しましょう。

②メールの返信

・取引先からのメールに対しては、必ず1営業日以内に返信しましょう。すぐに結論が出せないような内容については、メールを受信した旨といつ頃返答するかを取り急ぎ伝えるようにしましょう。

・メールの返信をする際には、同じ用件であれば件名に自動的につく「Re:」はそ

のままにしても構いません。しかし、別の用件で連絡する場合は、必ず件名を変えるようにしましょう。

・CC で届いたメールに返信する際は、情報を共有すべき場合は「全員に返信」、それ以外は「送信者のみに返信」するようにしましょう。

・メールを転送する際には、件名の「Fw:」はそのまま残して、転送する文章は、編集・加工しないようにしましょう。また、転送する際には転送する理由や説明を入れてから送信するようにしましょう。

2 電話のマナー

電話応対は顔が見えないコミュニケーションなので、語学力に不安があると余計に苦手意識を持つ人が多くなります。しかし、ビジネスシーンでは電話でのコミュニケーションを避けては通れません。ビジネスシーンにおける電話のかけ方・受け方、応対時の注意点やクレーム対応の方法を詳しく説明します。

1 電話をかける

（1）電話をかけるときの基本的なマナー

①電話をかける時間に配慮する

・始業時間

　　始業時は、相手も朝礼や事務連絡などで忙しい時間帯です。そのため、相手がすぐに電話に出られないことも予想できますし、電話に出られたとしても打ち合わせ中や朝礼の最中では途中で抜け出して応対してもらうことになるので、先方の業務の妨げになるということを意識しましょう。できるだけ始業から30分くらいは電話の発信は避けましょう。

・昼休み

　　多くの会社では、12時から13時や12時30分から13時30分などを昼の休憩としています。そのため、電話をかけても電話に出られない可能性が高いですし、人によっては昼食時間に電話をかける行為を非常識だと感じることもあります。

・退社時間

　　一般的に1日の仕事の仕上げや報告などで忙しいことが多い時間帯です。また、パソコンをシャットダウンして帰る支度を始めている人もいるので発信は避けましょう。

・終業時間後

　　営業など職種によっては、日中は外出して終業時間後に会社に戻ってくること

から、比較的電話がつながりやすい時間帯ですが、かけた場合「この人は会社の終業時間を知らないのか？」と不信感を与えてしまいます。

こちらからの電話が相手の終業時間以降になるときは、翌日にあらためて電話するのがマナーです。

②事前準備をする

相手の担当者の「部署名」、「役職」、「氏名」を確認するとともに、電話の用件について、相手に意図が伝わるように話す内容を整理してからかけるようにしましょう。また、必ずメモと筆記用具、カレンダー（手帳）を準備しましょう。

③携帯電話からかける場合の環境確認

携帯電話から相手の会社に電話する際は、静かな場所からかけましょう。また、電波状態のよい場所からかけるようにしましょう。

もちろん、通行人の邪魔になる場所や、話すのが適当でない飲食店の中や電車などの公共交通機関の中からの通話は控えましょう。

④相手が不在のとき

相手が不在の場合は、相手の帰社時間を確認した上で用件の内容や緊急性により以下の対応するようにしましょう。

・自分からかけなおす

自分の都合（用件）で電話をしている場合は、自分からかけなおしましょう。

・用件をメールする

緊急な用件でない場合は、メールなどで相手の都合のよい時間に用件を確認できるように配慮しましょう。

・相手からかけてもらう

自分にも相手にも緊急性の高い用件であれば、相手が帰社したら折り返し電話をかけてもらうように伝言しましょう。

・代わりの担当者に取り次いでもらう

緊急性が高い場合は代わりの人に取り次いでもらいましょう。

（2）電話をかける際の基本的な流れ

①担当者に取り次いでもらう

「はい○○株式会社でございます」

「私、○○産業の○○と申します。いつも大変お世話になっております。総務部課長の××様はいらっしゃいますか？」

「総務部の××ですね。少々お待ちください」

②相手に用件を伝える

「お電話代わりました。××ですが。」

「○○産業の○○と申します。いつも大変お世話になっております。いまお時間よろしいでしょうか？」

「いいですよ」

「ありがとうございます。先日の○○の件ですが・・・・・」

③電話を切る

「お忙しいところ、お時間をいただきありがとうございました。」

「それでは失礼いたします。」

※相手の都合を考えて、用件が終わったら電話はかけた側から切るのが基本です。
　固定電話の場合は、受話器を置かず、フックを指で押して切ります。

④相手が不在の場合

「あいにく、総務部の××ですが、ただいま外出をしていまして16時に戻る予定ですが、いかがいたしましょうか？」

【ケース①自分からかけなおす場合】

「それではあらためてこちらからご連絡を差しあげます。ありがとうございました。」

【ケース②伝言をお願いする場合】

「それでは用件をメールでお送りさせていただきますので、伝言をお願いできますか？」

【ケース③押り返し相手に電話をお願いする場合】

「おそれいりますが、お電話を頂きたい旨を、お伝えいただけますでしょうか。わたくしは○○産業の○○と申します。電話番号は03-0000-0000です。」

「それではよろしくお願いします。ありがとうございました。」

2 電話を受ける

（１）電話を受けるときの基本マナー

①会社の代表であるという意識をもつ

　会社に電話をかけてくる相手は、あなたの電話応対に対する印象を会社全体の印象と結びつけて考えます。そのため、会社の電話に出るときは「自分が会社の代表として対応している」という意識と責任感を持ちましょう。

②明るく元気な声で話す

　電話では表情が見えないため、自分の印象を決めるのは声のみです。明るさや親しみやすさを演出するために、通常よりもワントーン明るい声で話すことを心がけましょう。また、電話を受ける際の姿勢も背筋を伸ばして話すようにしましょう。

③メモ帳と筆記用具を準備する

　電話は、特に伝言を受けたときには、正確な内容を伝えることが大切です。そのため、事前に筆記用具とメモ帳を電話のそばに準備しておき、人名や数字などまちがえやすい内容は忘れずにメモをとるようにしましょう。また、最後に必ず伝言の内容を復唱して確認するようにしましょう。

④電話は率先してとる

　「自分あての電話でなくても、かかってきた電話は誰よりも早くとる」と意識することは、社会人として大切です。特に、就職したばかりの時期は率先して電話をとるようにしましょう。また、電話は呼び出し音が３回鳴る前にとるように心がけましょう。

（２）電話を受ける際の基本的な流れ

①受話器をとる

　呼び出し音が１回から２回で電話に出た場合

　「はい○○株式会社でございます」

　※朝11時までは「はい」ではなく「おはようございます」

　呼び出し音が３回から４回で出た場合

　「お待たせしました○○株式会社でございます」

　呼び出し音が５回以上で出た場合

「大変お待たせしました○○株式会社でございます」

②応答

「私、○○産業の○○と申します。いつも大変お世話になっております。総務部課長の××様はいらっしゃいますか？」

「○○様でいらっしゃいますね。いつも大変お世話になっております」

「総務部の××ですね。少々お待ちください」

※必ず相手先の会社名と名前のメモを取る

【相手が名乗らなかった場合】

「おそれいりますが、御社名とお名前をお伺いしてもよろしいでしょうか」

「○○様、差し支えなければ、御社名をお伺いしてもよろしいでしょうか」

【相手の名前が聞き取れなかった場合】

「おそれいりますが、少しお電話が遠いようなので、もう一度お願いいたします」

「おそれいりますが、もう一度御社名とお名前をお伺いしてもよろしいでしょうか」

③取次

近くの人を呼ぶときでも、必ず保留にしてから声を出す

相手を長く待たせない

「××課長、内線○番に○○産業の○○様よりお電話です。」

④取り次げない場合

【取り次ぐ相手が外出中の場合】

「申しわけございません。××はただいま外出しておりまして、16時に戻る予定ですが、戻り次第××からお電話差しあげるよう伝えましょうか」

「それではお願いします」

「かしこまりました。念のため○○様のお電話番号を伺ってもよろしいでしょうか」

「03-0000-0000です」

「復唱させていただきます。03-0000-0000ですね。××が戻りましたら電話をするように申し伝えます。わたくし□□と申します。」

「お手数ですが、よろしくお願いします」

「かしこまりました。失礼いたします」

※相手が切ったことを確認してから受話器を戻す。

【取り次ぐ相手が電話中の場合】

「申しわけございません。××はただいま他の電話対応をしておりまして、終わり次第××からお電話差しあげるよう伝えましょうか」

【取り次ぐ相手が席にいない場合】

「申しわけございません。××はただいま席を外しておりまして、戻り次第××からお電話差しあげるよう伝えましょうか」

【取り次ぐ相手が休みの場合】

「申しわけございません。××は本日お休みをいただいております。明日は通常通り出社いたしますが、明朝××にお電話差しあげるよう伝えましょうか」

【自分が代理で受ける場合】

「申しわけございません。××はただいま外出しておりまして、戻る時間がわかりかねますので、よろしければご用件を承りますが、いかがいたしましょうか」

「申しわけございません。××は本日お休みをいただいております。明日は通常どおり出社いたしますが、私でわかることであれば代わりに承りますが、いかがいたしましょうか」

■ワンポイントアドバイス

電話の応対をする際に、外出中の社員の携帯番号を聞かれることがあります。たとえ名刺に書いてあっても、相手が名刺を受取っているかわからない状況で本人の断りなしに教えることはマナー違反です。「担当者から折り返しご連絡いたします」と伝え、すみやかに担当者に連絡し、折り返し連絡してもらいましょう。もちろん私用（個人で契約している）の携帯電話の番号は個人情報保護の観点から本人への確認なく教えてはいけません。

（3）伝言メモ

電話対応後に、取次ぐ相手が不在であった場合に伝言メモを作成し、伝えることが必要です。

必要な伝達事項は5点です。

①誰あてのメモか

伝える相手をまちがえないようにする。

(同姓がいる場合は部署名を確認)

②誰からの電話か、会社名と名前を電話で復唱して確認する。

③いつ受けたか

電話がかかってきた日にち、時間をわかりやすく記入する。

(日にちと時間)

④用件は何か

どのような用件か、また、取り次ぐ相手がとらなければいけないアクションを記入する。折り返し電話が必要な場合は電話番号も記入する。

⑤誰が受けたか

電話の応対をしたのがだれかわかるように記入する。

伝言メモ
様へ
様より
月　日（　）　　　：
□お電話がありました
□折り返してください
TEL
□再度お電話くださいます
□ご用件は以下のとおりです
受け

---

3 携帯電話・スマートフォン

　携帯電話やスマートフォンは会社にいなくてもどこにいてもつながるツールとして便利ですが、ビジネスシーンでは、私用の携帯電話やスマートフォンはマナーモードに設定しておき、私用での通話はもちろんのこと、メールやSNSも控えるようにしましょう。また、会社から支給されている携帯電話やスマートフォンについても、勤務中であっても打ち合わせや会議中、公共の乗り物に乗車している間や運転中はマナーモードや電源を切っておく必要があります。また、業務の電話を社外で使用する場合についても、会社の業務上の会話が他人に聞かれることがないか、電話をする場所の配慮をするようにしましょう。

（1）携帯電話・スマートフォンのマナー

①電話をかけるタイミング

　携帯電話やスマートフォンに電話をかける場合は、「今、お話ししてもよろしいでしょうか」などと必ず相手の都合を確認しましょう。また、固定電話と同じく、始業開始、終業時刻の前後や休憩時間を避けるなど、電話をする時間には配慮をしましょう。

②社用の携帯電話

　近年は、会社が携帯電話・スマートフォンを貸与するケースが増えてきました。交換した名刺に、固定電話とともに携帯番号が記されていれば、その番号はオフィシャルなものです。ただし、基本的にはまず固定電話に連絡し、不在の場合のみ、携帯電話に連絡しましょう。

③私用の携帯電話

　勤務時間中は、私用の携帯電話は「使用しない」のが基本です。個人的な連絡は、休憩時間や終業時間後にしましょう。

④守秘性

　外で携帯電話の通話をするときは、誰かに聞かれている可能性が常にあります。
　ビジネス上の重要な話は外出先ではしないよう心がけましょう。どうしても話さなければならない場合は、周囲に人がいないことを確認した上でできるだけ小さな声で話すようにしましょう。

（2）マナーモードと電源 OFF

マナーモードにするべき場所
・公共交通機関・・・降車してからかけなおす。
・運転中・・・運転中の使用は法律で禁止されています。
・レストラン・カフェ・・・お店の外に出てかけなおす。

電源を OFF にするべき場所
・公共交通機関の優先席付近・・・ペースメーカーなどの医療機器に影響があるため電源を OFF にする。
・航空機内・・・電子機器を誤作動させるおそれがあるため電源を OFF にする
・病院・・・医療機器に影響を与えるおそれがあるため電源を OFF にする

・映画館・美術館・図書館など・・・静かな場所では電源を OFF にする
・会議・打ち合わせ・・・マナーモードで着信音は抑えられても、バイブの振動は意外と響くので電源を OFF にする

3 応接のマナー

1 会社内の組織

　企業にはさまざまな役職があります。その序列は指揮命令系統を表すとともに階級ごとに責任の範囲が変わります。

（1）会社組織の序列

　会社組織ではそれぞれ役職が定められています。役職は、職場における階級を示すとともに責任の範囲を表しています。社内や社外において、序列を知ってそれぞれの立場を尊重することがビジネスマナーへと繋がっていきます。また、役職の他にも社歴（その会社に何年勤務しているか）や年齢などにより上下関係が生まれるので注意が必要です。

　ここでは、一般的な企業の役職の序列について経営幹部と管理職の2つにわけて説明します。

【日系企業の主な役職】

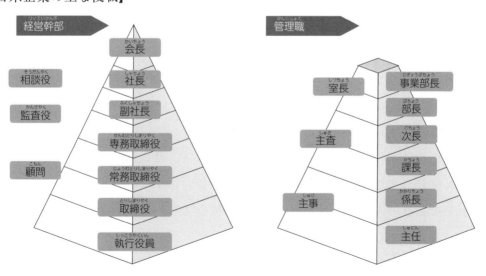

※上記の役職・序列は一般的なものです。役職がすべての会社にあてはまるわけで

221

はないので注意しましょう。

【外資系企業の役職】

	英語	日本語
CEO	Chief Executive Officer	最高経営責任者
COO	Chief Operating Officer	最高執行責任者（実務上の責任者）
CFO	Chief Financial Officer	最高財務責任者
CAO	Chief Administrative Officer	最高総務責任者
CLO	Chief Legal Officer	最高法務責任者
CCO	Chief Compliance Officer	最高コンプライアンス責任者

【注意点】

・役職によって序列を判断し的確な行動をとることが求められます。また、役職をまちがえることは相手にとって失礼となるので必ず名前と役職はセットで覚えるようにしましょう。

・管理職では、○○代理、○○補佐という役職もあります。例えば、部長代理であれば部長と次長の間の役職です。

・社内の序列は、まず役職で順位を見ます。役職が同じ場合は社歴、社歴も同じ場合は年齢で判断します。

　1．役職　2．社歴（勤続年数）　3．年齢

（2）会社内での人の呼び方

　職場で人を呼ぶ際には、一定のルールがあります。社員同士「○○さん」でそろえている会社もありますが、社内では上司と同僚、部下で呼び方が変わります。また、社外で自社の人を呼ぶ場合や社外の人の呼び方についてもルールがあるので使い分けに注意しましょう。

　社内での人の呼び方については、企業ごとに慣習があるのでその企業の慣習にあわせた呼び方をしましょう。

	社内の人と話すとき	社外の人と話すとき
上司	一般的には、「名前」＋「役職名」で呼びます。 例）○ 原田課長 メールなどの文書の場合は、肩書が敬称となるので「役職」＋「様」は二重敬称となるため不適切です。 例）× 原田課長様 　　○ 原田課長	社外の人との会話の中で自社の社員の名前をいうときは、「"役職名"の"名前"」という表現をします。 例）○ 課長の原田 社外の人の呼び方については、「役職」＋「様」の二重敬称を使わずに「"役職名"の"名前"様」という表現を使います。 例）× 木村部長様 　　○ 部長の木村様
同僚や部下	役職が同じ同僚や年上や社歴の長い先輩、後輩については、一般的には、男女ともに「名前」＋「さん」で呼びます。 例）○ 田中さん 　　× 田中君	役職がない場合は、「名前」を呼び捨てにします。 例）○ 担当の田中
自分	男性、女性ともに「わたくし」や「わたし」をつかいます。 例）○ わたくし　　○ わたし 　　× 自分　　× 俺	

【ワンポイント】

　人の呼び方の他に、自分の会社や相手の会社の表現として自分の会社は「当社」や「弊社」、相手の会社を「御社」「貴社」と表現します。

　自分の会社を表現する、「当社」と「弊社」の使い分けの仕方は、「当社」は、相手と上下関係がなく対等であるという場合に使う言葉です。「弊社」は、「自分の会社」をへりくだって言う場合に使われる謙譲語です。

　相手の会社を表現する、「御社」と「貴社」は、「御社」は話し言葉として使用します。また、「貴社」は書き言葉として使用します。

2 上座と下座

　会議室、応接室、和室、乗用車など、さまざまなビジネスシーンでの状況に応じた座席や立ち位置は、それ自体が目上の方への敬意やおもてなしの意味が込められており、とても重んじられています。

上座

　「上座」とは、メンバーの中で一番目上の人や年長の人が座る席のこと。通常は、出入り口から一番遠く、一番心地よく安全に過ごせる場所とされています。部屋の出入り口は、人の出入りがあり落ちつかないため、目上の人を、落ちついて過ごせる部屋の奥にお通しするという意味もあります。

下座

　上座に座る人をおもてなしする人が座る席で、一般的には、出入り口から一番近い席のことを指します。

3 席次

　基本的なルールとしては、入口から最も遠い席が上座となり、入口に近くなるにつれて下座となります。ここでは、席次のマナーについて、状況別に説明します。

（1）応接室

　応接室では基本通り、出入り口から最も遠い席が上座、出入り口から最も近い位置が下座で、上座と下座が向かい合う形で座ります。

　ただし、部屋の立地環境や室内のレイアウト、椅子の種類、人数などによりそれぞれ変化しますので注意しましょう。

　背もたれと肘かけのついた長椅子（ソファ）がある場合は、ゆったりとくつろいでいただくという意味で上座になります。この場合は、出入り口から一番遠い席が最も上座になります。

　また、すばらしい景色が窓から望めたり、絵画や掛け軸などの装飾品類がある

場合は、入口に近い席であってもそれらがよく見渡せる席を上座とする場合もあります。

　図の見かた：①が最も上座（上位の人）で、以下数字の順番が席次になります。

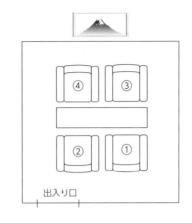

【ポイント】
　部屋の構造や窓、出入り口の位置、インテリアによって上座・下座が判断しづらい場合は以下の優先順位で対応しましょう。
１．出入り口の位置（入口に遠い位置から上座）
２．いすの形状（長椅子、ひとり掛けの椅子、背もたれや肘掛けのない椅子　※左から順に上座）
３．絵画や装飾品の位置（絵画や掛け軸などの装飾品が見える側が上座）

（2）会議室
　会議室における席次の原則は、入口から遠い席が議長席となり、最も上座となります。入口に向かうにつれて下座となります。
　また、来客とこちら側の人数が３人など同人数で座る場合は、それぞれの席の中央が最も上座となり、その次が出入り口から一番遠い席、一番出入り口に近い席が最も下座となります。

225

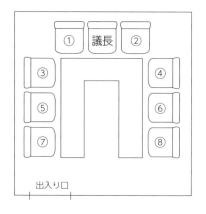

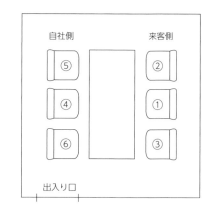

（3）エレベーター

エレベーター内では、一番奥側の、出口から最も遠い位置（操作ボタンの対角線）が上座となり、操作ボタンの前が最も下座となります。

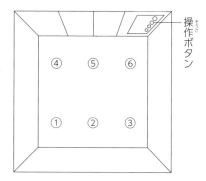

（4）車

タクシーや運転手つきの車の場合は、原則として運転席の後ろが最も上座になります。続いて助手席の後ろ、後部座席の中央、助手席の順に下座となります。

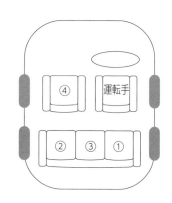

（5）電車

横並びの電車の場合、上座や下座の区別は特にありませんが、列車や新幹線のようなボックス席（縦並びの席）には、上座と下座が存在します。

ボックス席の場合は、列車が進んでいる方向に向って座る「窓側の席」が上座となります。次にその通路側と続きます。進行方向に背を向ける席が下座です。

ただし、上座の人が喫煙所やトイレに行きやすい場所を好む場合は、その意向を考慮するとよいでしょう。

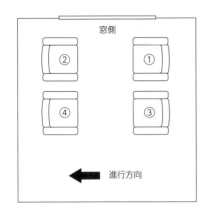

窓側

② ①

④ ③

← 進行方向

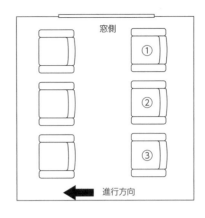

窓側

①

②

③

← 進行方向

4 来客応対

（1）来客応対の準備

①当日の来社予定を確認

　まずは当日のお客様の来社予定を確認し、可能であれば関係する部署全員で共有します。部署のメンバーの全員が来客予定を把握していれば、いつ、誰がお客様に対応しても「○○様ですね、お待ちしておりました」とスムーズに対応することができます。

②応接室の準備

　お客様を迎えるために応接室を整えます。以下のような点に注意します。

・テーブルや椅子はきれいに拭かれて整列しているか
・照明がついていて部屋が明るいか
・空調が効いて適温に調整されているか

（2）受付のマナー

　受付窓口が常駐している企業もありますが、多くの企業はオフィスと受付がわかれておらず、手の空いている社員が応対することがあります。

　来客があった場合は、お客様の姿が見えたら同時に立ち上がり、相手の目を見て「いらっしゃいませ」と笑顔で出迎えます。

　お客様の方から社名と名前をお伝えいただけなかった場合は、「おそれいりますが、お名前を伺ってもよろしいでしょうか」と確認し、続いてアポイントメントの

227

有無と担当者を確認します。

①アポイントがある場合

　　お客様の社名と名前を聞き、事前に約束のあるお客様だった場合は、「少々お待ちください」とお客様に断りをいれてから担当者に連絡をします。

　　お客様を応接室などに通す場合はご案内をし、担当者が迎えに来る場合は「○○が参りますのでお待ちください」と伝えてその場で待っていただくようにします。

②アポイントがない場合

　　普段から取引のある相手方などがアポイントなしで来社した場合、まずは担当者に連絡をしますが、この時点では担当者が応対できるかどうかはわかりませんので、まだ担当者が在席しているか不在であるかは伝えません。

　　「ただいま確認してまいりますので、少々お待ちください」といって担当者が在席しているかどうか、来客に会えるかどうかを確認します。

③飛び込み営業の場合

　　取引もなく、事前の約束もない飛び込み営業にどう対応するかは、事前に部署や社内でルールを決めておく必要があります。

　　取り次ぎをしない業者の訪問だった場合は「大変申しわけございませんが、お約束のない方のお取り次ぎはいたしかねます。お約束をしていただいた上でお越しくださいませ」などのように丁寧にお断りをします。

（3）ご案内

①行き先を告げる

　　お客様を案内する際には、「2階の応接室にご案内します」などと行き先を告げてからご案内します。

②先導して社内を案内する

　　案内する際は、お客様の右斜め前方2、3歩先を歩きます。自分の背中をお客様の正面に向けないように注意します。また、廊下を曲がるとき、段差を越えるときなどは危険がないように声かけをします。

【階段】

　　一般的なマナーであれば、階段を上がる際は「お客様が先で案内人が後ろ」ですが、ビジネスシーンでは、常に「案内人が先でお客様が後ろ」となります。そのた

め、階段の上り下りの際は、「お先に失礼いたします」と必ず伝えた後にご案内するようにしましょう。

【エレベーター】

エレベーターに乗る前に上下のボタンは必ず案内者が押しましょう。エレベーターに乗る順序は、中にすでに人が乗っている場合と乗っていない場合で変わります。

①中にだれも乗っていない場合

案内者が先に乗り込み、中に入ったら操作盤の前に立ち、「開」ボタンを押しながら他方の手で、ドアを押さえてからお客様に入ってもらいます。

②中に誰かが乗っている場合

お客様に先に入っていただきます。その際に片方の手でドアを押さえます。最後に案内人が中に入りましょう。

降りる際は、「開」ボタンを押しながら、もう片方の手でドアを押さえながらお先にどうぞと声をかけてお客様に先に降りていただきます。

③応接室への入室

部屋に入るときは必ずノックをします。ドアが内開きの場合は「お先に失礼いたします」といってから自分が先に入室してドアを押さえながらお客様に入室を促し、外開きの場合は開いたドアを手で押さえながら「どうぞお入りください」といってお客様を先に部屋に通します。

④上座の席に案内する

基本的には入口から遠い席が上座であり、お客様をご案内するべき席です。「おかけになってお待ちください」とだけいったのでは、お客様が遠慮して下座に座ってしまう場合がありますので、上座にあたる席を示しながら席を勧めます。

（4）お見送り

見送りのマナー

　商談や会合が終わってお客様が帰られるときには見送りをします。担当者として
お客様を見送る場合は、相手との関係や状況によってどこで見送りをするかを考え
なければなりません。主なパターンは、部屋の前、エレベーター前、玄関先、車の
前などです。

①部屋の外で見送る場合

　自分とお客様が同等の立場で、お互いにある程度親密さがある場合は部屋の外で
見送りするケースもあります。丁寧にあいさつした後、深くおじぎして見送ります。

②エレベーターの前で見送る場合

　エレベーターの上下ボタンや行き先階のボタンは担当者が操作します。エレベー
ターが着いてお客様が乗り込んだら最後の挨拶をします。エレベーターの扉が閉ま
り動き出すまではおじぎを続けます。

③玄関先で見送る場合

　お客様を玄関の外でお見送りする際は、担当者は玄関の外で「本日はありがとう
ございました」と最後の挨拶をします。

　お客様が車やタクシーの場合については、挨拶をしてからお客様を誘導し、ドア
が閉まったらあらためておじぎをし、車が見えなくなるまでお見送りします。

5 名刺交換

　初めての相手と商談をする前には、必ず名刺交換をすると思います。自分の
第一印象が決まる名刺交換のシーンで、マナーを守らない渡し方をしてしまうとそ
の後のお付き合いに影響がでる可能性もあります。基本のマナーはしっかり覚える
ようにしましょう。

（1）名刺交換で注意すべきポイント

・着席していても、名刺交換の際は必ず立ち上がってから交換しましょう。

・テーブルがある場合は、テーブル越しに渡すのではなく、必ず回り込み相手の
　正面に立ちましょう。

・訪問者から先に名刺を差し出すのが原則です。

・上司に同行している場合は、上司が交換してから続いて名刺交換しましょう。

・渡す相手が複数人いる場合は、役職が上の人から順に渡します。

※万が一、相手から先に名刺を渡された場合は、「申し遅れました」と一言添えてから渡しましょう。

・受け取るときに、相手の会社のロゴや会社名の上に指を置かないように注意しましょう。

・汚れた名刺や、折れ曲がっている名刺を渡すのはNGです。

（2）名刺交換の流れ

①名刺交換の準備

・名刺入れは上着の内ポケットなどすぐに取り出せるようにしておきましょう。

・名刺の枚数の確認と差し出したときに相手に読みやすい向きになるように名刺入れに入れておきましょう。

②名刺を渡す

・名刺は両手で胸の高さに持って差し出しましょう。

・差し出すときは、両手で持ち相手から文字が読める方向で渡しましょう。

・社名・部署名・名前を名乗りながら渡しましょう。

・名前は必ずフルネームで言うようにしましょう。

「はじめまして、わたくし、○○商会営業３課の○○　○○と申します。よろしくお願いいたします。」

③名刺を受け取る

・自分の名刺入れを受け皿にして名刺を受け取ります。その際に横書きの名刺なら名刺入れを横に縦書きの場合は名刺入れを縦の方向にして受け取ります。

・必ず両手で受け取り、「頂戴いたします。」と言ってから受け取りましょう。

・読み方が分からない場合は、「お名前はどのようにお読みすればいいのですか？」とその場で尋ねます。

同時交換する場合

・自分の名刺を両手で胸の高さに持ち、相手の胸の高さで差し出します。

※目上の方が差し出した名刺よりも若干低く差し出すようにしましょう。

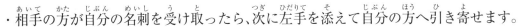

・左手を自分の名刺に残したまま、右手で相手の名刺の左端を持ちます。

・相手の方が自分の名刺を受け取ったら、次に左手を添えて自分の方へ引き寄せます。

・名刺交換を行う場合、先に差し出すほうが相手に対して敬意を払っているということになります。相手が目上なら相手が先に受け取るのを待ってから、受け取るようにしましょう。

④テーブルに並べる

・自分の名刺入れを右側に置き、その上に頂いた名刺を置きます。

・一度に複数の名刺交換をした場合、最も役職の高い方の名刺を自分の名刺入れの上に置きます。

・相手が複数いる場合は、座席に着席している順番に並べると顔と名前を覚えやすくなります。

（３）紹介のマナー

【取引先に上司や同僚を紹介する場合】

・自社の社員を他社の人に紹介する場合は、上司の場合でも敬称をつけずに呼び捨てで紹介しましょう。

・自社の紹介する社員が複数いる場合は役職が上の順番から紹介しましょう。

例）

「ご紹介させていただきます。こちらは私の上司の課長の原田です。」

「ご紹介させていただきます。こちらは私と同じ課で一緒に仕事をしています、田中です。」

【取引先に他社の人を紹介する場合】

・他社の人（紹介者）を伴って訪問した場合は、先に紹介者を取引先に紹介しましょう。

・紹介の場合に簡単な自分の会社との関係性などの説明をしましょう。

例）

取引先に他社の人を紹介する場合

　「ご紹介させていただきます。こちらは○○商会の営業部の木村部長でいらっしゃいます。」

他社の人に取引先を紹介する場合

　「木村部長、こちらは、私どもがいつもお世話になっております。□□商事の山田部長でいらっしゃいます」

ワンポイントアドバイス

【こんなときはどうする】

■名刺を切らしている場合

・まずは丁寧にお詫びをして、後日名刺を郵送するなどして対応する。

例）

　「申しわけございません。ただ今、名刺を切らしております」

■名刺を頂けなかった場合

　名刺交換をするタイミングを失うなどして名刺を頂けなかった場合は、用件が終了して合間を見て依頼してみる。

例）

　「恐れ入ります、お名刺を1枚頂戴できますか？」

4 訪問のマナー

　ビジネスシーンでは、社外の方に会う機会も増えます。訪問は、相手の貴重な時間をいただいていることを自覚して行動しましょう。

（1）訪問前にすべきこと

①アポイント

　ビジネスで人と会う場合はアポイントを事前にとることが必要となります。電話やメールで訪問の目的、同行する人数、所要時間の目安を伝えた上でアポイントを取りましょう。

②訪問前の準備

　先方への行き方、時間はどのくらいかかるのか、電車の時間や乗り継ぎなどは事前に調べておきましょう。また、先方へ持っていく資料や書類なども前の日に準備しておきましょう。名刺は十分な数があるかも必ず確認するようにしましょう。

③身だしなみの確認

　ネクタイは緩んだり曲がっていないか、靴は汚れていないか、髪は乱れていないかなど、鏡を見てチェックしましょう。

④遅刻は厳禁

　遅刻は社会人としてマナー違反です。約束の10分前には相手の会社の建物に到着するようにしましょう。やむを得ない事情で約束の時間に遅れる場合は、必ず電話で連絡を入れましょう。

（2）訪問の流れ

【建物に入る前】

■コートは建物の外でぬいで腕にかける

■マフラーや手袋はカバンの中にしまいましょう

■携帯電話の電源を OFF にしましょう

【受付】

■ビジネスマナーでは約束した時間の5分前以降に訪問するのがマナーとなります。10分前など早すぎる訪問もマナー違反となります。

■明るくさわやかな笑顔と、聞き取りやすい声のトーンで、自分を名乗りましょう。

■受付では、会社名、氏名を名乗り、用件を伝えましょう。

例）「おはようございます（こんにちは）

私、○○株式会社営業部の○○と申します。

総務部課長の××様と本日○○時からお約束をいただいおります。」

※応対していただいた方へも「ありがとうございます」とお礼を言いましょう。

【応接室】

■会議室や応接室に案内され、入室する場合は上司や先輩から入室します。

■応接に入室後に勧められた席の前で立ったまま待つのが基本ですが、座って待つように勧められた場合には、座って待ちます。

■カバンは机や椅子におかず、足元に置きましょう。

■コートは座る席の背もたれに折りたたんだままかけましょう。

■アポイントの相手が来る前に名刺入れや資料を出しておくようにしましょう。

■相手の方が入室したらすぐに立つようにしましょう。

■お茶などの飲み物が出された場合は「ありがとうございます」と感謝の気持ちを伝え座ったまま、軽くおじぎをしましょう。

【面談】

■出されたお茶は面談相手から勧められてから飲むようにしましょう。また、上司と同席する際は上司が飲む前に飲むのは控えましょう。

■いきなり本題に入らず、軽い雑談を始めてから本題に入りましょう。

CHAPTER 8 ｜ 日本で働くために必要なビジネスマナー

235

■訪問側が切り上げるのがマナーです。アポイント時にお約束していた時間内に切り上げるようにしましょう。時間をいただいたことへのお礼を述べて丁寧にあいさつをしてから退出しましょう。

【退出】

■上司や先輩と同席する場合は退出も上司や先輩から退出します。

■コートは建物を出た後に着ますが、相手からここで着てくださいと言われた場合は室内で着ても構いません。

■お見送りしていただいた相手に丁寧にあいさつをして建物を出るようにしましょう。

■携帯電話は建物を出た後に ON にします。

5 その他のビジネスマナー

1 時間管理

　時間を守ることは社会人としてもっとも大事なことです。時間を守ることができない人はビジネスシーンで信用されません。仕事を進めていくうえで、約束した期限が守れないと社内、社外の人の信頼を失うことになります。また、仕事は自分一人で行うわけではなく、チームで行うものです。一人の仕事の遅れがチーム全体の仕事の遅れとなり、多くの人に迷惑をかけることになります。効率よく仕事を行うためには、時間管理が重要となります。

始業とアポイント

①始業時間

　始業時間は、会社に到着する時間ではなく、仕事をする前のすべての準備を整え終わり、業務を開始する時間です。特に新入社員は、先輩よりも早く出社し、就業ができる準備をして始業時間の10分前には着席するようにしましょう。

②時間の約束

　他社を訪問するときは、電車の遅延などを考慮し、常に10分前に到着するようにしましょう。他社への訪問の際は、約束の時間より早く訪問することも逆に失礼にあたるので、約束の時間の5分前に受付するように心がけましょう。

③遅刻対応

　社会人として遅刻は厳禁ですが、交通機関の乱れや体調不良など、やむを得ない理由で出社が遅れそうなときは、必ず会社へ連絡することが必要です。基本的には電話で連絡することが必要ですが、社内への報告の場合は、会社で決められている方法で連絡するようにしましょう。また、連絡の際は「謝罪の気持ち」「理由」「遅刻であれば到着予定時刻」の3点を伝えるようにしましょう。

2 挨拶

　挨拶はコミュニケーションの基本であり、とくにビジネスの場においては重要な役割を果たしています。挨拶は会社・他者からの評価・信頼にも大きな影響を与える重要な要素です。どのような人間関係でも挨拶からスタートします。最初は恥ずかしいかもしれませんが、ビジネスを円滑に行うためには重要ですので、毎日実践することで慣れるようにしましょう。

（1）挨拶のポイント

①笑顔で元気に

　職場の雰囲気を明るくするような笑顔の挨拶を心がけましょう。また、相手に聞こえなければ意味がないので元気よくはっきりとした声で挨拶しましょう。

②自分から積極的に

　相手の挨拶を待つのではなく、自分から気づいたときに積極的に声をかけるようにしましょう。特に、上司に先に挨拶をされて返事するのは失礼となるので注意しましょう。

③すべての人に挨拶

　面識がない他の部署の人にも挨拶をしましょう。また、会社に出入りする社外の人（配送員、清掃員など）にも挨拶をしましょう。

④毎日続けて習慣化する

　普段の生活から自然に習慣化できるようにしていきましょう。

（2）よく使う挨拶の言葉

【出社したとき】

「おはようございます」

【外出するとき】

「行ってまいります」
「～に行ってまいります」

【外出から戻ったとき】

「ただいま戻りました」
「ただいま帰りました」

【用事を引きうけたとき】

「承知いたしました」

【用事をお願いするとき】

「お手数をおかけいたします」
「お願いいたします」

【謝罪するとき】

「申しわけございませんでした」
「以後気をつけます」

【感謝するとき】

「ありがとうございます」

【出社したとき】

「おはようございます」

【退社するとき】

「お先に失礼いたします」
「お疲れさまでした」

【帰社した社員へ】

「お帰りなさい」
「お疲れさまでした」

【退社する社員へ】

「お疲れさまでした」

【社外の人へ】

「いつもお世話になっております」

（3）おじぎ

おじぎには3種類あります。場面に応じて使い分けましょう

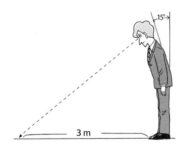
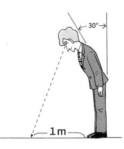

	会釈	敬礼	最敬礼
目線とおじぎの角度	目線……3m先の地面 角度……15度	目線……1m先の地面 角度……30度	目線……自分の足元 角度……45度
使用する場面	人前を通るとき、人とすれ違ったとき	おじぎの基本形であり出社・退社時、お客様の送迎時など	深い感謝や謝罪の気持ちを表すときなど

【おじぎの注意点】

①頭だけを曲げない

　頭だけ下げておじぎするのはやめましょう。背中を伸ばして腰から曲げます。

②手の位置

　手の位置は、女性は体の前で両手を合わせます。男性はズボンの脇に手を降ろします。指はまっすぐ伸ばしたほうが綺麗です。

③おじぎのタイミング

　挨拶などの後でおじぎをするようにしましょう。また、おじぎの前後で相手の目を見るようにしましょう。

【挨拶の例】

■社内で上司とすれ違う場合

　社内で上司とすれ違うときには「会釈」をします。会釈はおじぎの中では簡単にできますが、適当に行うと敬意が足りないと受け取られます。すれ違いざまに歩きながら会釈するのもやめましょう。

　上司が相手の場合、一度きちんと立ち止まってから会釈をしましょう。また、相手が来訪者の場合も同じです。

■階段で上司とすれ違う場合

　階段で、自分が下から上へ上っているときなら良いですが、上から下に降りているときに上司とすれ違う場合は、そのままおじぎをするのは良くないとされます。

　階段でおじぎをするときは、相手が通りやすいよう脇によけ、相手が自分と同じ段に来てからおじぎをしましょう。相手に対して上の位置からおじぎをするのも、見おろすようで失礼と感じる人がいます。

■自分が座っている場合

仕事中に挨拶をされたら、相手が上司やお客様の場合、相手が立っているのに自分が座ったまま挨拶するのは失礼とされます。椅子から立ち上がっておじぎをするのが原則です。

同僚や後輩、部下には立ち上がる必要はありませんが、一度仕事の手を止め相手の顔を見て応じるようにしましょう。

3　ホウレンソウ（報告・連絡・相談）

日本のビジネスマナーとして「ホウレンソウ」という言葉があります。「ホウレンソウ」とは、仕事をスムーズに進めるために欠かせない「報告」「連絡」「相談」の略です。ビジネスマナーを無視したホウレンソウは、相手に正しく伝わらないことがあります。報告も連絡も相談も、ただ伝えるだけでなく、相手に理解してもらうことが大事です。

（1）ホウレンソウの注意点

ホウレンソウを行う際に共通する、相手に伝える際に注意したい点
①要点を整理してから伝える
　何を伝えるべきか整理し、明確にしてから簡潔に伝えましょう。
②事実と推測を区別して伝える
　情報を整理して、事実と個人の考えや意見を分けて伝えるようにしましょう。
③勝手な判断をしない
　特にトラブルなどについては、小さなことでも自分が把握している情報だけで判断するのではなく、上司の指示を聞きましょう。

（2）報告

報告とは、上司からの指示や命令に対して、部下が経過や結果を知らせることで

す。日本では、仕事の結果とともに進め方についても評価されます。依頼された仕事の完成時の報告だけでなく、途中経過の報告も大事とされています。報告をするのは、部下から上司へ、あるいは後輩から先輩へ、という流れになります。

①指示された仕事が終わったとき

指示を受けた仕事が完了したとき、その結果を報告します。報告の基本です。

②仕事の途中経過

長期間にわたる仕事や仕事の状況が変化してきたときに行う。仕事の進み具合を報告するとともに、アドバイスや指示を受けることで仕事の改善につながります。

③仕事の進め方を変更するとき

仕事を進めるなかで気づいた点、気になった点があったとき、他の上司から別の仕事を頼まれたときなど仕事の順序やスケジュールなどの変更が必要なときに報告します。

④ミスやトラブルが発生したとき

仕事の途中でのミスや、何らかの問題が起きたときにはすぐ上司に伝えます。起こっている状況を適確に伝えます。

【ポイント】

・どのような状況のときに、誰に報告したらよいかあらかじめ知っておきましょう。特に海外では途中経過の報告の文化がありませんが、日本では途中経過の報告は重要とされています。

・報告は、文書で行うものと口頭で行うものに分けられるので報告する手段にも注意しましょう。

（3）連絡

連絡とは、簡単な情報を関係者に知らせることです。そこに自分の意見や考えはいりません。また、上司、部下にかかわらず、誰もが発信側にも受信側にもなります。総務や人事から全社員に向けての連絡やプロジェクトリーダーからメンバーだ

けに向けた連絡など、さまざまな連絡があります。

①定期的な連絡

定例会議、朝礼、点呼など関係者全員で定期的に行う連絡です。

②日常の連絡

上司や部下、同僚などの社内、取引先などと日常の業務で行われる連絡。例えば電話の内容伝達や自分の行動予定などがあります。

【ポイント】

・どのような状況のときに、誰に連絡したらよいかあらかじめ把握しておきましょう。

・伝言だけでは誤解が生じる可能性のあるものなどはなるべく文書にして連絡、共有します。

・日常の業務をスムーズに行うため、連絡のタイミングを逃さないようにしましょう。

（4）相談

相談とは、判断に迷うときや意見を聞いてもらいたいときなどに上司や先輩、同僚に参考意見を聞き、アドバイスをもらうことです。入社したばかりで仕事に不慣れなときには仕事を適正に行う上で重要になります。

【ポイント】

・相談内容の種類によって、相談する相手は異なるため、どのような内容のときに、誰に相談するか決めておく。

・相談相手が業務に追われているときなど、忙しそうなときはさけるようにする。

・相談する際は、判断は相談相手が行うが、「自分はこうしたい」などの自分の考えを相手に伝えることも大事です。

<ruby>索<rt>さく</rt></ruby> <ruby>引<rt>いん</rt></ruby>

【著者紹介】

久保田 学　Manabu Kubota

一般社団法人留学生支援ネットワーク 事務局長

経済産業省と文部科学省が実施した「アジア人財資金構想」に従事し、その後も政府の留学生就職支援政策事業に多数携わる。2013年に一般社団法人留学生支援ネットワークを設立し、日本企業の外国人雇用、外国人留学生の就職、教育機関等を支援する取り組みを全国規模で実施している。

留学生の就職支援については、全国の大学、専門学校、日本語学校の教育機関において、就職ガイダンスや支援講座を年間150件以上行う。また、大学における留学生の出口戦略のコンサルティングや留学生向けのキャリア科目の講師も務める。

日本知識力検定 公式テキスト（下）

2024年7月10日　　初版　第1刷発行

著　者	久保田 学
発行者	牧野 常夫
発行所	一般財団法人 全日本情報学習振興協会

〒101-0061　東京都千代田区神田三崎町 3-7-12
清話会ビル 5F
TEL：03-5276-6665

販売元	株式会社 マイナビ出版

〒101-0003　東京都千代田区一ツ橋 2-6-3
一ツ橋ビル 2F
TEL：0480-38-6872（注文専用ダイヤル）
　　　03-3556-2731（販売部）
URL：http://book.mynavi.jp

DTP・印刷・製本　日本ハイコム株式会社

ISBNコード　978-4-8399-8684-1　C2034
Printed in Japan